「通古察今」系列丛书

传统与变革之间：
商周亲属称谓的演进

黄国辉 著

河南人民出版社

图书在版编目(CIP)数据

传统与变革之间：商周亲属称谓的演进 / 黄国辉著. — 郑州：河南人民出版社，2019.12（2025.3 重印）
（"通古察今"系列丛书）
ISBN 978-7-215-12002-0

Ⅰ. ①传… Ⅱ. ①黄… Ⅲ. ①亲属称谓－研究－中国－商周时代 Ⅳ. ①K892.27

中国版本图书馆 CIP 数据核字（2019）第 270880 号

河南人民出版社出版发行

（地址：郑州市郑东新区祥盛街 27 号 邮政编码：450016 电话：0371-65788075）
新华书店经销　　　　　　环球东方（北京）印务有限公司印刷
开本　787mm×1092mm　　　1/32　　　印张　4.875
字数　68 千
2019 年 12 月第 1 版　　　　　　　　2025 年 3 月第 3 次印刷

定价：48.00 元

"通古察今"系列丛书编辑委员会

顾　问　刘家和　瞿林东　郑师渠　晁福林
主　任　杨共乐
副主任　李　帆
委　员　(按姓氏拼音排序)

　　　　安　然　陈　涛　董立河　杜水生　郭家宏
　　　　侯树栋　黄国辉　姜海军　李　渊　刘林海
　　　　罗新慧　毛瑞方　宁　欣　庞冠群　吴　琼
　　　　张　皓　张建华　张　升　张　越　赵　贞
　　　　郑　林　周文玖

序　言

在北京师范大学的百余年发展历程中，历史学科始终占有重要地位。经过几代人的不懈努力，今天的北京师范大学历史学院业已成为史学研究的重要基地，是国家首批博士学位一级学科授予权单位，拥有国家重点学科、博士后流动站、教育部人文社会科学重点研究基地等一系列学术平台，综合实力居全国高校历史学科前列。目前被列入国家一流大学一流学科建设行列，正在向世界一流学科迈进。在教学方面，历史学院的课程改革、教材编纂、教书育人，都取得了显著的成绩，曾荣获国家教学改革成果一等奖。在科学研究方面，同样取得了令人瞩目的成就，在出版了由白寿彝教授任总主编、被学术界誉为"20世纪中国史学的压轴之作"的多卷本《中国通史》后，一批底蕴深厚、质量高超的学术论著相继问世，如八卷本《中国文化发展史》、二十卷本"中国古代社会和政治研究丛书"、三卷本《清代理学史》、五卷本《历史文化认同与中国统一多民族国家》、二十三卷本《陈垣全集》，以及《历史视野下的中华民族精神》《中西古代历史、史学与理论比较研究》《上博简〈诗论〉研究》等，这些著作皆声誉卓著，在学界产生较大影响，得到同行普遍好评。

除上述著作外，历史学院的教师们潜心学术，以探索精神攻关，又陆续取得了众多具有原创性的成果，在历史学各分支学科的研究上连创佳绩，始终处在学科前沿。为了集中展示历史学院的这些探索性成果，我们组织编写了这套"通古察今"系列丛书。丛书所收著作多以问题为导向，集中解决古今中外历史上值得关注的重要学术问题，篇幅虽小，然问题意识明显，学术视野尤为开阔。希冀它的出版，在促进北京师范大学历史学科更好发展的同时，为学术界乃至全社会贡献一批真正立得住的学术佳作。

当然，作为探索性的系列丛书，不成熟乃至疏漏之处在所难免，还望学界同人不吝赐教。

北京师范大学历史学院
北京师范大学史学理论与史学史研究中心
北京师范大学"通古察今"系列丛书编辑委员会
2019年1月

目 录

商周亲属称谓的演变及其比较研究 \ 1

    一　祖类 \ 3

    二　妣类 \ 17

    三　父类 \ 23

    四　母类 \ 32

    五　子类 \ 37

    六　结语 \ 76

商代亲称区别字问题研究 \ 95

    一　商代亲称前的数字问题 \ 95

    二　商代亲称前的大、中、小问题 \ 115

    三　商代亲称中的"高"与"毓" \ 135

    四　结语 \ 143

商周亲属称谓的演变及其比较研究[1]

亲属称谓指反映人们亲属关系的称谓，它是家族制度中的重要内容，也是人类文化中的普同现象之一，尤其在以血缘关系为基础的古代社会，亲属称谓对人们的家庭角色、社会地位、财产分配、政治活动等各个方面都有着强烈影响。经由学界专家的共同努力，商周亲属称谓的研究已经取得了令人瞩目的成就：大致勾勒出商周社会亲属称谓的基本轮廓，对许多重要

---

[1] 本书研究对象暂以商周时期最为常见的祖、妣、父、母、子等称谓为例，研究材料以甲骨、金文为中心。

亲属称谓的研究日益深入。[1] 许多学者更是把亲属称谓的研究与其他家族制度紧密联系起来，促进学界对商周家族制度中亲属的分类、组织、延续等诸多问题的深入认识。[2] 这些学术成就是我们进行下一步研究的基础。只是过去的研究中仍然存在诸多薄弱之处，而商周亲属称谓的比较研究就是其中之一。此前研究多属断代性考察，只有少数的探讨贯穿了商周时代，笔者此处愿就这些问题进行初步考察。

---

[1] 陈梦家：《殷墟卜辞综述》，中华书局，2004年；谢维扬：《周代家庭形态》，黑龙江人民出版社，2005年；赵林：《殷契释亲》，上海古籍出版社，2011年。芮逸夫：《伯叔姨舅姑考》《史语所集刊》第14本；《释甥舅之国》《史语所集刊》第30本；林沄：《从武丁时代的几种卜辞试论商代的家族形态》《古文字研究》第1辑；朱凤瀚：《商周家族形态研究》，天津古籍出版社，2004年；张亚初：《两周铭文所见某生考》《考古与文物》1983年第5期。

[2] 陈梦家、芮逸夫、张光直、黄铭崇等人的研究颇具代表。芮逸夫：《中国亲属称谓制的演变及其与家族组织的相关性》，1948年，《民族学研究集刊》第6本；张光直：《商王庙号新考》《中央研究院民族学研究所集刊》，1963年，第15期；《谈王亥与伊尹的祭日并再论殷商王制》《中央研究院民族学研究所集刊》，1973年，第35期；黄铭崇：《甲骨文、金文所见以十日命名者的继统"区别字"》《史语所集刊》第76本，第4分册；《商人祭祀用的亲属称谓体系及其意义》《古文字与古代史》第一辑，中央研究院历史语言研究所，2007年版；《商人日干为生称以及同干不婚的意义》《史语所集刊》第78本，第4分册等。

一　祖类

"祖"是商周社会的一个基本亲属称谓,[1]作为狭义上的亲属称谓,其内涵在商周之际基本不变,自父辈而上的男性祖先皆可称为"祖"。但是当"祖"与其他亲称或区别字相结合,即作为广义上的亲属称谓,其意义在商周之际则存在着不同程度的演变,试析如下:

1. "高祖":商代的"高祖"称谓是对五世祖及其以上祖先的称呼,"高祖"之"高"当与"毓"相对,其意为远也。"高祖"称谓的含义是不断变化的,周代的"高祖"之"高"保留了"高远"之义,但"高祖"称谓所指先祖的下限已经发生了变化,可以延及祖父。[2]

2. "毓祖":卜辞中的"毓祖"常与"高祖"相对,裘锡圭先生有过很好的研究,认为"毓"本是与"高"相对,是指称一定范围内的亲属的一个词,其下限应

---

[1] 在实际研究中,学界对亲属称谓的看法往往较为灵活。本文的亲属称谓概念大体分广义与狭义两个层次:以祖、妣、父、母、兄、弟等为基本亲属称谓,属狭义上的亲属称谓;以包含其他成分,如区别字、日名在内的为广义上的亲属称谓。

[2] 请详见本文"商代亲称区别字问题研究"一章。

是到距时王最近的先王,包括时王的父兄等,"毓"的上限可以延及曾祖。[1] 裘先生的看法是合理可信的。属于何组二类的卜辞(《合集》27358)上记有"毓祖乙"的称谓,由于何组二类卜辞的上限在廪辛,因此《合集》27358中的"毓祖乙"只能是指称廪辛或康丁的曾祖,即商王"小乙"。[2] 可见,"毓"之上限确实在曾祖,"毓祖"称谓当包括了曾祖与祖父。

3."先祖":"先祖"称谓已见于商代甲骨。

兒先祖曰吹。　　　　　　　(《英藏》2674)[3]

---

[1] 裘锡圭:《论殷墟卜辞"多毓"之"毓"》《中国商文化国际学术讨论会论文集》,中国大百科全书出版社,1998年。
[2] 黄国辉:《商代亲称区别字若干问题研究》《考古学报》2012年第3期。
[3] 关于"家谱刻辞"的真伪,学界存在较大争议,笔者以为其当属真品。黄国辉:《"家谱刻辞"研究新证》《出土文献》第3辑。

这是著名的"家谱刻辞",从其所记兒氏家族世系可知,"吹"为兒氏家族第一代祖先,"先祖"一词是就兒氏始祖而言。此外尚有卜辞记:

癸卯,王卜贞:其祀多先祖□余受有佑。王固曰:引吉。惟□。黄类(《合集》38731)

合集 38731

"多先祖"是指商王众多祖辈先人。可见,"先祖"一词所指范围甚广,最上可指始祖,最下推测可指称父辈以上(不包括父辈)故去的男性祖先。关于"先祖"的下限,在卜辞中表现的还不是很明显,但从金文中就可以看得更为清楚了。

西周中期的"卯簋盖"(《集成》04327)记荣伯呼令卯曰:"载乃先祖考死嗣荣公室,昔乃祖亦既令乃父死嗣芬人。"

铭文"先祖考"连言,且后文又言"乃祖亦既令乃父","乃祖"必是卯之祖父,包括在前文"先祖考"内,故可知"先祖"下限为父辈以上的祖先。

"中山王㻑鼎"(《集成》02840):"昔者,吾先祖趄王、昭考成王,身勤社稷行四方。"

"中山王㻑方壶"(《集成》09735):"唯朕皇祖文武,趄祖成考,是有纯德遗训,陀及子孙。"

中山王㻑方壶

可知"中山王䜣鼎"中的"先祖赳王"即是"中山王䜣方壶"中的"赳祖",是中山时王的祖父,"先祖"一词的下限可及祖父辈无疑。"先祖"含义当是指故去的祖辈先人,此祖辈即是父辈以上的男性祖先,"先祖"所指称的祖先范围比"高祖"要广。

4."亚祖":金文中常见"亚祖"一词,学界多有争论。吴镇烽还指出青铜铭文中的亚祖称谓当是次一辈的先祖,《尔雅·释言》:"亚,次也。"[1] 谭步云以为,亚祖与亚父类似,亚祖是指祖之兄弟。[2] 罗泰认为高祖是指该族的命氏立族者,而亚祖是该族的分支家族的立族者。高祖与亚祖之间还有若干代先辈。[3] 曹玮从其说。[4] 朱凤瀚则据逨盘铭文的研究指出,亚祖当是祖父之义,即为上二代的亲人。[5]

以上诸说当以吴镇烽的看法最为合理,这是因为

---

[1] 吴镇烽:《高祖、亚祖、王父考》《考古》2006年第12期。
[2] 谭步云:《䈞氏诸器▼字考释》《容庚先生百年诞辰纪念文集》,广东人民出版社,1998年。
[3] 罗泰:《有关西周晚期礼制改革及庄白微氏青铜器年代的新假设:从世袭铭文说起》《中国考古学与历史学之整合研究》,历史语言研究所会议论文文集之四,台湾中央研究院历史语言研究所,1997年。
[4] 曹玮:《高祖考》《文物》2003年第9期。
[5] 朱凤瀚:《商周家族形态研究》,天津古籍出版社,2004年,第663页。

吴先生的研究立足于新近出土的"曾鼎"铭文，其文记曾之言曰："在朕皇高祖师娄、亚祖师夆、亚祖师䢾、亚祖师仆、王父师彪于（与）朕皇考师孝。"文中三个亚祖连言，职官皆为"师"，当属连续的三代祖先。"亚祖"就是次一辈的祖先。吴先生看法可信。除此以外，商周时期的"亚祖"还有一些特点是值得重视的。

其一，商代的"亚祖"称谓相对复杂，与周代情况稍有别。如宾三类卜辞中记有亚祖乙称谓作：

贞：惟亚祖乙害王。　　宾三类（《合集》1663）

合集 1663

这是占卜是否是"亚祖乙"给商王带来灾患,占卜的焦点在人物上。"亚祖乙"当是相对商王祖乙而称的,卜辞中商王祖乙常称"高祖乙",[1]亚祖乙当是指商王小乙。这里的"亚"所修饰的是"祖乙","亚祖乙"指祖乙之后,下一个日名为乙的祖先。这与周代的"亚祖"是不同的,周代的"亚祖"之"亚祖"所修饰的是基本亲称"祖"。这个不同显然是由于商周亲属称谓的不同特点引起的,即商人亲称常与日名相联系,而周人则较少。再如:

1999年9月,中国社会科学院考古研究所安阳工作队在殷墟的刘家庄北发掘了一座商末墓葬M1046,该墓出土了18件带有墨书文字的石璋,[2]石璋上面的文字记录了M1046号墓主的男性亲属世系。其中共三件石璋记有日名为"辛"的,分别为"祼于口辛"(编号167)、"祼于亚辛"(编号116)、"祼于三辛"(编号104、117)。整理者指出,"亚"意为第二,"三"意为

---

[1] 陈梦家:《殷墟卜辞综述》,中华书局,2004年,第415—416页。
[2] 中国社会科学院考古研究所安阳工作队:《安阳殷墟刘家庄北M1046号墓》《考古学集刊》第15集,文物出版社,2004年。关于这批石璋,李学勤认为当是祼玉。见李学勤:《祼玉与商末亲族制度》《史学月刊》2004年第9期。

第三,其后皆省"祖"字。李学勤先生亦认为三个日名为辛的,看来当分属三世。专家们所论甚确。如是,"亚辛"即是指"亚祖辛",指第二个日名为"辛"的祖辈先人。[1]至于商代是否有"亚"修饰基本亲称"祖"的情况,目前资料少见,还不易确认。但在西周时期的商遗民中却可以发现此类用法。如著名的"史墙盘"(《集成》10175)所述自己先人世系为:高祖——烈祖——乙祖——亚祖祖辛——文考乙公。其中的"亚祖祖辛"之"亚"显然是修饰基本亲称"祖"的,而不是修饰日名"辛"的。史墙盘为西周中期时器,史墙家族是商遗民,其家族文化中保留了浓厚的殷商文明,如与其同窖所藏的同家族器上仍记有族氏铭文"木羊册",其祖先称谓中亦多带日名。故可推知,商代的"亚祖"之"亚"亦可能存在修饰基本亲称"祖"的情况。

其二,由于"亚祖"之"亚"有次第之义,故周金文"亚祖"一词一般是伴随着其他祖先而出现,从而更好的体现出"亚祖"为次辈祖先的含义。如"䚄鼎"

---

[1] 关于商代亲称中的数字问题,可参黄国辉:《商代亲称区别字若干问题研究》《考古学报》2012年第3期。本文所论及"数字"与"亲称"的组合称谓均出此文,不再赘引。

史墙盘

所记"亚祖"之前有"高祖"。"史墙盘"所记"亚祖"之前也有"高祖""烈祖""乙祖"等祖先。与"史墙盘"为同一家族前后两代之器的"癫钟"(《集成》00247)亦记"癫曰：不(丕)显高祖、亚祖、文考，克明厥心"。"亚祖"之前有"高祖"。此外，西周晚期的"南宫乎钟"(《集成》00181)记有："先祖南公，亚祖公仲，必父之家。"亚祖"之前有"先祖"。

可见,"亚祖"一词通常是在伴随其他祖先出现时才能体现其为次辈祖先的含义。

其三,周代"亚祖"所能指称的范围上限不能及始祖,而下限则可及祖父。其上限可从"䆨鼎"推知,亦可据其"次辈祖先"的含义推知。其下限则可据"史墙盘"推知。

5."大祖":商金文又见有"大祖"称谓,"三句兵"(《集成》11401)铭文记有大祖日己、大父日癸、大兄日乙的称谓。王国维先生认为:"所云大祖、大父、大兄,皆谓祖、父、兄行之最长者。"[1]李学勤先生亦指出"大祖"只是一代中居长者,并非远祖、始祖之义。[2]笔者以为专家的看法是可信的。[3]商代社会中的"大祖"称谓与周代社会存在差别,周代的"大祖"常指始祖,如《国语·周语》记伶州鸠之言:"我大祖后稷之所经纬也。"后稷即周人始祖。周代的"大祖"之"大"盖读

---

[1] 王国维:《殷卜辞中所见先公先王考》《观堂集林》,中华书局,1959年。

[2] 李学勤:《鸟纹三戈的再研究》《辽海文物学刊》1989年第1期。

[3] 可参黄国辉:《商代亲称区别字若干问题研究》《考古学报》2012年第3期。

为太，与商人有别。

6."小祖"：卜辞中有"小祖乙"称谓作：

癸巳卜，即贞：翌乙未其侑于小祖乙。出二类（《合集》23171）

甲戌［贞］：小祖乙、祖丁二牛。历一类（《合集》32599）

在第二条卜辞中，小祖乙、祖丁并称，由于历一类卜辞没有晚到廪辛康丁时代，因此其中的祖丁只能理解为商王祖丁，此版卜辞当属逆祀，小祖乙是商王小乙。小乙之所以称"小祖乙"，当是作为阳甲、盘庚、小辛之弟而称"小"的，即"小祖"当是同祖辈亲属中排行较为靠后的。

7."嗣祖"：大盂鼎（《集成》02837）有"嗣祖南公"称谓作："令汝盂型乃嗣祖南公"。"嗣祖"当指继嗣之祖，这个用法较为少见，目前仅见于此。

8."祖考"：周金文常见有"皇

合集 23171

祖考"、"文祖考"、"圣祖考"（师𩵦鼎《集成》02830）、"先祖考"（师克盨《集成》04467）、"祖考"等"祖"、"考"连称的情况，用法盖有二：

其一，分指祖父与父考。如"仲再父簋"（《集成04188》）；其二，泛指父辈及其以上的祖先集合。如"瘋钟"（《集成》00246）前文记："追孝于高祖辛公、文祖乙公、皇考丁公。"后文则记："弋皇祖考高对尔烈。"后文的"皇祖考"即是对前文"高祖辛公、文祖乙公、皇考丁公"等父辈及其以上祖先集合的泛称。

瘋钟

9."祖父":1961年,湖北江陵万城西周早期墓葬出土了十七件铜器,其中两件有铭文均记有"祖父日乙"的称谓。对此,笔者以为"翏簋"铭文中"祖父日乙"当是"祖日乙"与"父日乙"的合称,其与殷墟甲骨常见亲属称谓结构情况一样,均是用"亲称+亲称+日名"来代表集合的亲属称谓。由于其祖、父日名相同,故共享了一个日名,实际上还是一种常见的省称现象。[1]可见商西周社会的"祖父"称谓分别是指父之父与父,尚未形成今日之"祖父"概念。

综上所考,我们可就甲骨金文所见商周时期"祖"称的演变进行概述,并作简要对比。笔者以为,无论是商代社会还是周代社会,"祖"称均可表示自父辈而上的男性祖先,作为狭义亲称,其内涵基本不变。但广义亲称上的"祖",其意义在商周之际则发生了变化。

商代卜辞中的"高祖"是就曾祖之父及其以上男性祖先的称呼,而周代的"高祖"称谓所指先祖的下限已经发生了变化,可以延及祖父。

商代的"亚祖"可能有两种情况。一是"亚祖"

---

[1] 黄国辉:《江陵北子器所见人物关系及宗法史实》,《历史研究》2011年第2期。

后紧跟日名,"亚"用于修饰其后祖先的日名,而不仅仅是修饰"祖"称的。这一点与周代社会的"亚祖"称谓不同。二是商人可能已经存在"亚"修饰"祖"的情况,表示次一辈的祖先。这一点与周代的"亚祖"相同。

"祖父"称谓已见于西周早期金文,其含义分别指祖父与父亲,尚未形成今日之"祖父"观念。然至仪礼时代,"祖父"已为合成亲称词,仅表示父之父,与今日之祖父相当。如《仪礼·丧服》所记"祖父母"即是祖父与祖母的合称。《礼记·丧服小记》载:"祖父卒,而后为祖母后者三年。"其中的"祖父"亦即父之父,同于今日之祖父。"祖父"作为合成亲称的情况当属晚起。

此外,商周社会中的"大祖"称谓也有别。商代的"大祖"表示同祖辈中最长者,"大"表示大中小的"大"。而周代的"大祖"之"大"盖读为太,"大祖"指称始祖。

二 妣类

"妣"同样是商周社会的重要亲属称谓,甲骨金文中都较为常见,值得关注。

1."高妣":商代甲骨常见"高妣"称谓,如:

丁丑贞:其祷生于高妣丙大乙。

历二类(《屯南》1089)

此高妣丙为商王大乙之配。

丁卯卜,亘贞:侑于高妣己、高妣庚。

二典宾类(《合集》2351)

贞:引侑于高妣己、高妣庚。

典宾类(《合集》2352)

此高妣己、高妣庚皆为商王祖乙之配。

卜辞中存在着这样的一种现象,即许多女性亲属称谓前的区别字常常与其男性配偶前的区别字紧密相关。如裘锡圭先生曾指出,卜辞中高祖、毓祖的配偶分别可以称高妣、毓妣。[1] 这是可信的。

---

[1] 裘锡圭:《论殷墟卜辞"多毓"之"毓"》《中国商文化国际学术讨论会论文集》,中国大百科全书出版社,1998年。

2. "毓妣"：除了"高妣"以外，尚有"毓妣"与之相类，亦属妻从夫称。

己巳卜，行贞：翌庚午岁其延于羌甲奭妣庚☐。
贞：于毓妣。　　　　出二类（《合集》23326）

这是一组选择性的对贞卜辞，焦点在于岁祭所要延及的对象到底是羌甲入祀之配妣庚还是毓妣。毓妣当是与出二类卜辞中的毓祖相对，而出二类卜辞称毓祖的只见毓祖乙，即商王小乙。如是，本版卜辞中的毓妣当是毓祖乙之配。

癸酉卜，何贞：翌甲午蒸于父甲飨。
庚戌卜，何贞：翌辛亥其侑于毓妣辛飨。

何一类（《合集》27456）

此版卜辞中有父甲称谓，当属廪辛、康丁之物。毓妣辛应是商王武丁之配妣辛，之所以称毓妣辛，盖是与本类卜辞中商王武丁称毓祖丁有关。

3. "小妣"：宾三类卜辞中有"小妣己"称谓。
允小妣己。　　　　宾三类（《合集》2449）

此版卜辞中的小妣己很可能也是妻从夫称，小妣己应是小祖乙之配。卜辞中有"小祖乙"称谓作：
甲戌［贞］：小祖乙、祖丁二牛。

历一类(《合集》32599)

此版卜辞当属逆祀[1],小祖乙、祖丁并称,小祖乙当指小乙,祖丁当是商王祖丁,由于历组一类卜辞没有晚到廪辛康丁时代,因此其中的祖丁皆应作如是观。小乙既可称小祖乙,其配则可称"小妣己"。小妣己可能就是武丁卜辞中的"母己","母己"称谓在武丁卜辞中是较为常见的,屮类、𠂤小字类、宾一类、典宾类、宾三类等诸种卜辞中皆记有"母己"的称谓,可见她应该是武丁的母辈亲属之一。"小妣己"当是小乙的非法定配偶。

4. "中妣":卜辞中有"中妣"称谓作:

弜御庚宰,中妣小宰,子小宰。

二妇女类(《合集》22226)

这是子卜辞,不知中妣所指。

5. "亚妣":卜辞中有"亚妣"的卜辞作:

贞:王🙾父乙宾。一二三四

🙾父乙宾。一二三

🙾妣己宾。一二二告三

---

[1] 裘锡圭:《甲骨卜辞中所见的逆祀》《古文字论集》,中华书局,1992年,第227—230页。

弜。一二三

侑于亚妣十一报禳。一二告三

典宾类(《合集》974 正)

其中的亚妣可能是与妣己相对而称的,即为亚妣己之省,而卜辞中确实存在"亚妣己"称谓。此版卜辞有父乙称谓,属武丁卜辞,其中的妣己当是祖乙之配。如是,亚妣当指商王祖丁之配。据周祭卜辞可知,商王祖丁的正式配偶即为妣己。而宾三类卜辞另有"亚妣己"称谓作:

丁酉卜,王:侑亚妣己。 宾三类(《合集》2448)

《合集》2448

这里的"亚妣己"具体亲属身份不易确认，可能是商王祖丁之配，但也不能完全排除是小乙之配的可能。前文所引宾三类卜辞有"亚祖乙"称谓作：

贞：惟亚祖乙害王。　　宾三类(《合集》1663)

《合集》1663

这里的亚祖乙可能是相对商王祖乙而称的，当是指商王小乙。若是，则"亚妣己"之"亚"亦可能是因为商王小乙被称为"亚祖乙"的缘故。因此，卜辞中"亚妣"的称谓存在两种可能：一是与日名相同的先辈妣某相对而称的亚妣。一是随配偶"亚祖"而称的亚妣。

6."生妣"：西周晚期时器"召仲鬲"（《集成》00672、00673）记有"生妣"称作：

召仲作生妣尊鬲。

此中的"生"当为出义。生，出也，典籍习见。"生妣"盖指召仲所从出之先妣，故称生妣。类似表继嗣、从出的称谓，金文中还有"嗣祖"（大盂鼎《集成》02837），即为承嗣之祖先。

综上所考，我们可就商周时期"妣"称的演变进行简要的勾勒。笔者以为，无论是从甲骨卜辞还是商周金文上看，"妣"称数量都远不及"祖"称，即为"妣"作器的情况较少。若有"祖"称同时出现，则"妣"称一般都依附在"祖"称之后。可见，在商周社会中，女性先人一般都处于从属地位。商周之际，"妣"称最大的变化还在于它的含义上。甲骨、金文中的"妣"称是与"祖"称相对，表示母辈以上（不包括母辈）的女性先人，这一点没有例外。但后世则以"妣"称与"考"称相对，如《尔雅·释亲》："父为考，母为妣。"故战国秦汉时，"妣"的含义已发生变化，表示母辈先人。这一点，前人已有很好研究，[1]所论甚是。

三　父类

"父"也是商周时期最为重要的亲属称谓之一，是就己身以上尊一辈的男性亲属而言，与之相关的还有周代的"考"称。

1. "介父"：甲骨文中有"介父"称谓作：

侑于多介父犬。宾一类（《合集》1800）[2]

对此，裘锡圭先生曾指出，"介"字有"副"的

《合集》1800

---

[1] 郭沫若：《释祖妣》《郭沫若全集·考古编》第1册《甲骨文研究》，科学出版社，2002年。

[2] 关于"介父"称谓还可见《合集》2339、2340、2341、2342、2345、2346、2348、6002等。

意思，古书习见。《礼记·曾子问》称庶子为介子。《礼记·内则》称冢子以外的诸子之妇为介妇。故"介父"即"庶父"。[1] 裘先生的看法是可信的。"介"固然可表示"个"的意思，但卜辞称众父时，一般直接加上"多"或"数字"，无需于"父"前再加"介"，故"介"当为"副"，表庶出之义，这是商人宗法制度在亲属称谓上的表现。

2. "大父""仲父""小父"：卜辞有"小父"称谓作：

□兹□宓□ 敚小父用□。无名类（《合集》27498）

商代"三句兵"（《集成》11403）尚有"大父"和"仲父"称谓作：

祖日乙　大父日癸　大父日癸　仲父日癸　父日癸　父日辛　父日己

对于商代卜辞及金文里亲属称谓前的大、中、小，以为它们是对同辈亲属长幼的区别，而不是如传统所言的为了区别同日名的亲属，它们应该是从生前带到

---

[1] 裘锡圭：《关于商代的宗族组织与贵族和平民两个阶级的初步研究》《古代文史研究新探》，江苏古籍出版社，1992年。

死后的。[1]

周金文中亦有"大父"、"仲父"称谓：

西周中期的"同簋"(《集成》04270、04271)："王命同：差(佐)右(佑)吴大父，嗣昜(场)、林、吴(虞)、牧"。[2]

西周晚期的"仲父鬲"(《集成》00681)："仲父作尊鬲"。

同簋

---

[1] 黄国辉：《商代亲称区别字若干问题研究》，《考古学报》2012年第3期。
[2] 西周晚期的"虢叔大父鼎"(《集成》02492)、"曾仲大父螺簋"(《集成》04203)、"筍伯大父盨"(《集成》04422)、春秋早期的"鲁伯大父"系列器物(《集成》03974、03988、03989)等亦记有"大父"称谓。

这些"大父""仲父"称谓实际上也是由排行引起的,标示出他们的家内地位。尤其是"大父"称谓,更是直接显示出他们在家族中的宗主身份。周代典籍亦常见"大父"称谓,但其"大父"之"大"当读为"太",指"祖父"。

3. "王父":1995年陕西咸阳发现琱鼎,其文记器主琱之言曰:"在朕皇高祖师娄、亚祖师夆、亚祖师𢦏、亚祖师仆、王父师彪于(与)朕皇考师孝。"此中的"王父"位列"皇考"之前,当为今日之"祖父"无疑,这一点吴镇烽先生已有指出。但吴先生认为"琱鼎"中的"王父"一词为商周青铜铭文所首见,盖属偶误。西周晚期的"伯康簋"(《集成》04160、04161)铭文记:

伯康簋

伯康作宝簋，用飨朋友，用餴王父、王母，它它受兹永命。

"它它"典籍常作"佗佗"。《尔雅·释训》："委委佗佗，美也。"邢昺疏引孙炎曰："佗佗，长之美也。"

其中亦见"王父"称谓,且与"王母"相对。《尔雅·释亲》:"祖,王父也。"又云:"父之考为王父。"郭璞注:"如王者,尊之也。"[1]

4."伯父":周金文有"伯父"称谓。西周宣王时期的"虢季子白盘"(《集成》10173)记周宣王称虢季子白为"伯父"。"伯父"称谓经典常见,但用法较为复杂。一般说来,"伯父"指的是父之兄,《释名·释亲属》:"父之兄又曰伯父。"《尔雅·释亲》则称为"世父",其言记:"父之晜弟,先生为世父,后生为叔父。"周宣王之所以称虢季子白为"伯父",盖虢氏祖先为文王母弟,于周为同姓之国。《左传》僖公五年:"虢仲、虢叔,王季之穆也,为文王卿士,勋在王室,藏于盟府。"杜预注:"虢仲、虢叔,王季之子,文王之母弟也。"周王对于这些同姓诸侯的称谓,常有"伯父"之称:

《礼记·曲礼下》:"天子同姓谓之伯父,异姓谓之舅父。"

《仪礼·觐礼》:"同姓大国则曰伯父,其异姓则

---

[1] 近年来,学者或以为西周金文中的"王父"是仅指父亲的兄长,"王母"仅指母辈亲属,可备一说。李晶:《〈尔雅·释亲〉"王父王母"考》《历史研究》2016年第6期。

曰舅父。"

《尚书·康王之诰》:"今予一二伯父尚胥暨顾"。孔安国传:"天子称同姓诸侯曰伯父。"

《国语·吴语》:"昔吴伯父不失"。韦昭注:"同姓元侯曰伯父。"

关于周代"伯父"的称谓问题,芮逸夫先生曾有过很好的讨论,认为周代天子称诸侯为伯父或叔父,多数是沿用周初的称呼。[1]

与"父"称谓颇为相似的还有"考"称,但"父"称与"考"称还有一定的差别。

金文中的"考"称含义与后世典籍记载相吻合。《礼记·曲礼下》:"生曰父曰母曰妻,死曰考曰妣曰嫔。"铭文中的"考"称含义皆指称故去的父亲。"考"何以用来指称故去的父亲呢?《礼记·祭法》:"曰考庙。"孔颖达疏:"考,成也,谓父有成德之美。"这是对逝者的尊美之辞,故"考"所指称的只能是故去的父亲。

对于商周时期的"父"称的演变,及其与"考"称的异同,我们可以做简要论述。笔者以为甲骨金文中

---

[1] 芮逸夫:《释兄弟之国》《清华学报》1961年,新2卷第2期。

"父"称含义则与《曲礼》所记"生曰父","死曰考"的情况不尽同。无论是商代还是周代社会,"父"称即可以指称在世的父辈亲属,亦可以指称故去的父辈亲属。尚未出现如《曲礼》所记如是严格的生死之别。

商代卜辞与金文中尚未见有明确的"考"称,而均以"父"称表示,亦可见"考"称盖为周人称谓,周人除了"父"称以外,更有属于自己文化主流的"考"称,这构成了周人父辈亲属称谓的一个重要特色。商文化中即使出现"考"称,亦不会成为其称谓文化的标识,而有可能是受到周人文化的影响。周人克商以后,商遗逐渐为周人所同化,其所作器物亦有"考"称,用于取代原来的"父"称。如属微氏家族青铜器的"史墙盘"记其父为"文考乙公","考"称不仅取代了"父"称,而且还和日名连用,鲜明体现出这种商周文化融合的趋势。

金文中的"考"称与"父"称还有一个重要区别,即"考"称只就作器者故去的亲生父亲而言,但"父"称既可指作器者亲生父亲,亦可指其他父辈亲属,"父"称的这种特点早在商人社会就已经有了,至周代依然如是。关于"考"称,铭文中有一"帝考"称谓,如西周中期的"窑鼎"(《集成》02705)、"窑簋"(《集成》04097)、西周晚期的"□叔买簋"(《集成》04129)均有记载。其中的"帝考"皆为"嫡考"。"考"本身即表示亲生父亲,加之以"帝(嫡)"字,表面看是在突出逝者的嫡系身份,实际上更是为了强调在世作器者所继承的宗主地位。关于"父"称,除前文所举"曾子仲宣鼎"中的"诸父"以外,再如春秋晚期的"配儿钩鑃"(《集成》00426、00427)记:"台(以)宴宾客,台(以)乐诸父。"这些铭文中的"诸父"不仅包括了作器者的亲生父亲,还包括了其他父辈亲属。

商周社会,"父"称的另一个重要变化是,"父"作为美称在商人文化中非常罕见,但在周人文化中则是一种普遍现象。无论是卜辞还是商金文,我们都难以找出几个确切的用于表示男子美称的"父"称来(但不能完全排除商人可能用"父"为美称的情况,就像我们不能排除少数周人亦用日名的情况,文化的交融是客观存在的),但在周金文及典籍文献中,这种情况比比皆是。而且在周人文化中,表示美称的"父"一般都是就成年男子而言的。王国维先生曾谓:"男子字曰某父,女子字曰某母。盖男子之美称莫过于父,女子之美称莫过于母。男女既冠笄，有为父母之道。故以某父某母字之也。"[1] 盖如是也。

四 母类

商周社会的"母"称亦较为常见，含义相对稳定，但仍有许多值得关注的特点。

1. "司母"：卜辞有"司妣"（《合集》21555）、"司母"（《合集》30370）称谓，关于其中的"司"字含义，学界争论较大，或读为"后"，或读为"司"。近年又有裘锡圭先生撰文以为，当读司，通作姒，表年长之义。[2] 卜辞中的亲属称谓中的"司"字含义是个老大难的问题，有待进一步考察。

2. "介母"：商代卜辞见有"介母"称谓作：

贞：侑于多介母。　　　　典宾类（《合集》140）

裘锡圭先生谓"介"为"副"义，[3]"介母"即当是庶

---

[1] 王国维：《女字说》《观堂集林》，中华书局，1959年。
[2] 裘锡圭：《说"姒"》（提纲），见李宗焜主编：《古文字与古代史》第2辑，台湾中央研究院历史语言研究所，2009年。
[3] 裘锡圭：《关于商代的宗族组织与贵族和平民两个阶级的初步研究》《古代文史研究新探》，江苏古籍出版社，1992年。

母之义。

3. "大母"："大母"称谓，卜辞罕见，作：

□屮大母牝。用。　　白小字类（《合集》19972）

卜辞大意是用牲对大母进行祭祀，大母具体身份不能明了，然当指商王武丁母辈亲属中排行靠前的。周代社会亦常见"大母"称谓，但其"大母"之"大"当读为"太"，指"祖母"。

4. "中母"："中母"称谓，卜辞常见，但多见于非王卜辞，尤其是妇女类卜辞。如：

辛丑卜，中母己鼎（贞）。　子组（《合集》21805）

丁卯，中母己夃　　　　　圆体类（《合集》21879）

用豕中母。　　　　　　　妇女类（《合集》22133）

辛丑卜，中母御小宰。　　妇女类（《合集》22258）

关于"中母"的称谓，妇女类卜辞还有一些，兹不赘举。从所举情况上看，"中母"之"中"到底是缘自其丈夫还是自身的排行仍有待考察。

5. "王母"：金文中"王母"称谓值得注意，当分两种情况：

西周中期的"仲叔父簋"（《集成》04102）记："仲

叔父作朕皇考迟伯、王母迟姬尊簋"。

西周晚期的"史顯鼎"(《集成》02762)记:"史顯作朕皇考厘仲、王母泉母尊鼎"。

同属西周晚期的"史伯硕父鼎"(《集成》02777)记:"史伯硕父追考(孝)于朕皇考厘仲、王母泉母尊鼎。"

以上三器中"王母"与"皇考"对称,"王母"当即是"皇母",金文中"皇考""皇母"组合常见,这时候的"王母"指称作器者之母。"王"通作"皇","王"是借字,"皇"是本字。"皇"的本义是华丽的冠冕,由此引申有"美"的含义。"皇母"当是美称。金文中另有"王母"称谓作:

西周晚期"伯康簋"(《集成》04160、04161)记:"伯康作宝簋,用飨朋友,用鲜王父、王母。"

"王父"称谓又见前文中的"簪鼎",其中的"王父"位列"皇考"之前,当为今日之"祖父"。"伯康簋"中的"王母"与"王父"相对,当指作器者伯康之祖母。《尔雅·释亲》:"父之考为王父,父之妣为王母。"这时候的"王"就不再是"皇"的借字了,而是用如本字,故郭璞《尔雅》注谓:"如王者,尊之也。""王"的本义是斧钺，是权力的象征，故引申有君王之义。这时候的"王母"当是尊称。另有"帅鼎"（《集成》02774）铭文记有"王母"称谓，存在争议。黄铭崇以为其中的"王母"当指作器者祖母，[1]可从。

铭文中的"王母"称谓应当区分以上两种情况，即一是用作"皇"的假借字，一是用如本字。如是，"王母"称谓的含义也各不相同。即便如此，铭文中仍然存在诸多难以确定具体身份的"王母"，[2]有待进一步研究。

对于商周时期"母"称的演变及其差异情况，我们可以做简单总结。笔者以为，商周之际，"母"称的最为显著的变化当是，"母"作为美称在商人文化中非常罕见，但在周人文化中则相当常见。无论是卜辞还是商金文，我们都很少见到用于确切表示女子美称的"母"称，但在周金文及典籍文献中，这种

---

[1] 黄铭崇：《殷周金文中的亲属称谓"姑"及其相关问题》《中央研究院历史语言研究所集刊》第75本，第1分册。

[2] 西周晚期的"召伯毛尊鬲"（《集成》00587）、"王作王母兽宫尊鬲"（《集成》00602）、"散季簋"（《集成》04126）、"毳簋"（《集成》03931）、"毳盉"（《集成》09442）等。

情况俯拾皆是。而且在周人文化中,表示美称的"母"一般都是就成年女子而言的。这也是商周文明差异的一种表象。

商周之际,"母"称的另一个变化是,商人只用"母"称来表示母辈亲属,但到了周人文化中,母辈亲属除了用"母"称表示以外,"妣"称亦渐渐下移,从专门表示尊二辈及其以上的女性祖先慢慢下移到表示母辈亲属上来。尤其是在周人逐渐区分生称与死称的情况下,"妣"常用与"考"相对。如《礼记·曲礼下》记:"生曰父,曰母;死曰考,曰妣。"战国以后,用"妣"来表示业已去世的母辈亲属的情况更是逐渐增多,确立了今日"考""妣"相对的局面。故从周代开始,虽"母""妣"并行于世,但"母"称已部分为"妣"称所取代。

此外,商周社会的"母"称还有一个很大的不同即是,商代社会中的"母"具有"配偶"的含义,这是周代社会所不曾拥有的义项。如:

□子卜☑㞢大甲母妣辛。子组(《合集》21540)

辰贞:其祷生于祖丁母妣己。历二类(《合集》34083)

以上这些卜辞中的母字都表示配偶的意思,学界暂无异议。但母字为何有"配偶"的含义还有待进一步研究。

五 子类

商周社会的"子"称较为丰富,是学界研究的一个焦点问题,许多"子"称的身份还较为模糊,不易辨识。

1."子":商代卜辞及金文中存在许多单称的"子",具体大致可分为两种情况,一是作者自称的"子",一是与"作器者"相对而称的"子"。关于第一种情况,台湾学者林圣洁先生已做过细致的研究,认为其中包括了"亲称""宗子""族氏名号"等含义。此外,此类中还包括许多含义不明的"子"。[1] 林先生的研究在目前看来是较为详细的,然由于材料的简约与繁难,存在诸多单称的"子"无法确定到底是何种含义。因此,这一问题的研究尚有待进一步的深入。

---

[1] 林圣洁:《殷周金文人物自称名号中的"子"》《中国文字》新32期。以下所引林圣洁先生观点均出此文。

关于第二类与"作器者"相对而称的"子",据林沄先生的研究,当是对家族首领的尊称,[1]这是可信的。

关于用单称的"子"表示"家族首领"的情况,在商人中最为常见,而少见于周人社会中,是否可以看作是商人文化的一个特点是需要考虑的。

2. "子某":卜辞与金文中存在大量的"子某"称谓,其含义较为复杂,诸家意见纷繁复杂。关于"子某"的研究,林沄先生以其为贵族家族首领的观点很有创建性,也逐渐得到了学界的认同。此后,朱凤瀚先生在林先生的研究基础上,又把子某及相关问题的探讨引向纵深层次,促进了学界对"子某"问题的认识。[2]笔者以为甲骨卜辞与商周金文中的"子某"之"子"既有区别,又有联系。在甲骨卜辞中,由于卜辞性质多属商王或王室,即便是非王卜辞中的"子某"亦如是,受此性质的局限,王卜辞所见多数的"子某"当与商王室存在亲缘关系。而商西周青铜铭文中的"子某",有些也与商王室存在亲缘关系,但有些则是其他族裔

---

[1] 林沄:《从武丁时代的几种卜辞试论商代的家族形态》《古文字研究》第1辑。以下所引林沄先生观点均出此文。

[2] 朱凤瀚:《商周家族形态研究》,天津古籍出版社,2004年。

的首领，这是与卜辞有所不同的。故我们可以放宽概念，以贵族首长来统称商西周材料中的"子某"之"子"。

3."某子"与"某子某"：卜辞中存在大量的"某子"与"某子某"称谓，较早的研究多以"某子某"或"某子"之"子"为爵称。林沄、朱凤瀚先生研究认为，卜辞中的"某子"之"某"是族名，"子"是指该族族长。林圣洁先生曾对青铜铭文中的"某子"与"某子某"作了分阶段的考察，以为商西周时期的"某子"与"某子某"之"子"多数都是"宗子"，即某族族长的意思。西周晚期以后，"某子"的内涵较为复杂，或为宗子，或为爵称，或为美称，或为摄位自称。而多数的"某子某"之子不是爵称，也不是宗族长，而是美称。除了摄位自称以外，林先生对铭文中"某子"的研究大致可信。至于西周晚期以后的"某子某"之"某"是否均归为美称，恐怕还难以完全区分。

4.帝子：甲骨卜辞曾见"帝子"称谓作：

弜乎（呼）汰帝子御史（事），王其每（悔）。

历一类（《合集》30390）

这版卜辞很有意义。裘锡圭、罗琨等先生均认为

《合集》30390

其中的"帝子"应该读为"嫡子"。[1] 其中的"汏"当即是卜辞常见的"子汏",属商人子姓贵族,与商王武丁有亲缘关系。如:

---

[1] 裘锡圭:《关于商代的宗族组织与贵族和平民两个阶级的初步研究》《古代文史研究新探》,江苏古籍出版社,1992 年。"汏"字,裘先生或以为是"亦"字。罗琨:《释"帝"》《古文字研究》第 26 辑。

癸卯卜，由：御子汰于［父］乙。囗月。

——自小字类（《合集》20028）

御祭子汰的对象是商人祖先，可见子汰当与商王武丁有亲缘关系。从《合集》30390的占卜记录上可知，"汰帝子"当即是子汰的嫡系后代，商王从与自己存在亲缘关系的子某中选择他们嫡系后代入朝任职治事，以此来稳固自己的统治。类似的统治方式亦可见之于后世典籍。如《左传·宣公二年》记："及成公即位，乃宦卿之適子而为之田，以为公族。又宦其余子，以为余子。其庶子为公行"。此为春秋时晋国国君以公卿之后代来治事的情况。"適子"亦即嫡子。

5. 介子：卜辞有"介子"称谓作：

于父乙多介子侑。二告

侑犬于父辛多介子。　　宾一类（《合集》816正）

侑于多介子。　　宾一类（《合集》1623反）

"介子"义当近于"庶子"。《合集》816为祭祀卜辞，即称"父乙多介子"，又称"父辛多介子"，盖小乙之族与小辛之族皆以独立。"父乙多介子"当指小乙之族中那些已经去世的小乙之众庶子，与武丁为同生父之兄弟。"父辛多介子"当指小辛之族中那些已经去世的小辛之众庶子，与武丁为从父异母之兄弟。

6."大子"：商代有"大子"称谓，"大"本为大、中、小之大，后来引申出"太子"称谓。后世的"太子"当是一种固定的尊称，表示储君身份。至于商代的"大子"是否等同于后世的"太子"称谓，这还需要进一步讨论。

癸丑卜，争：🝆缶于大子。

癸丑卜，争：引🝆缶于大子。宾一类（《合集》3061）

"🝆"（花东《416》）字不识，但对照本版后两辞的"酌缶"可知，"🝆缶"亦当与祭祀有关。此为武丁时候的王卜辞，其"大子"当指称业已去世的太子孝己。

贞：御子［□于］大子小宰。十月。宾三类（《合集》3256）

《合集》3256

这是占卜用小宰祭享太子，以为子某禳除灾害。

由此可见，商代的"大子"称谓还不能等同

于后世的"太子"称谓,即使是在孝己死后,他依然可以保有"大子"的称谓。其既已称"大子",新储君则再用"大子"称谓。这时的"大子"称谓还可能还未形成后世对储君职位的固定尊称。后世的"太子"可简单视为一种职位称谓,旧太子去世或被废,新太子继位,亦可称"太子"。如《战国策·东周》曾记:

  周共太子死,有五庶子,皆爱之而无適立也。司马翦谓楚王曰:"何不封公子咎,而为之请太子?"左成谓司马翦曰:"周君不听,是公之知困而交绝于周也。不如谓周君曰:'孰欲立也?微告翦,翦令楚王资之以地。'"
  公若欲为太子,因令人谓相国御展子、廧夫空曰:"王类欲令若为之,此健士也,居中不便于相国。"相国令之为太子。

材料大意是说,东周武公太子去世,而有五位庶子。东周国君武公对他们都很疼爱,以至于不能从他们中重新选任继任者。楚司马翦告诉楚王,让他分封武公的别子公子咎,然后再向武公请命立公子咎为太子。武公的另外一个庶子公若想要成为太子，就让人告诉楚相国御使展子和廧夫空，说楚王好像是要立公若为周国太子。于是楚相国就立了公若作太子。这段史料又见之于《史记·周本纪》作：

> 西周武公之共太子死，有五庶子，毋適立。司马翦谓楚王曰："不如以地资公子咎，为请太子。"左成曰："不可。周不听，是公之知困而交疏于周也。不如请周君孰欲立，以微告翦，翦请令楚资之以地。"果立公子咎为太子。

《战国策》和《史记》上的记载有所差别。"周"，《史记·周本纪》以为"西周"，而司马贞《索引》谓："《战国策》作东周武公"，暂从《索引》。《史记·周本纪》没有记述公若争立太子一事，直以公子咎为太子。但无论如何，从《战国策》和《史记》的记载上，我们可以看出，时至战国，"太子"称谓已经发展成了一种固定的职位，旧太子去世以后，国君的其他儿子被立为储君则亦可称"太子"。这种情况与商代的"大子"称谓是有着显著差别的。商代的"大子"称谓还未形成类似战国时候这种固定的职位称谓。

虽然商代的"大子"称谓与战国时候"太子"的固定职位称谓不同,但商代的"大子"应该已经可以被称为"太子"了,只不过这时候的"太子"称谓当是指具有优先继嗣权的嫡长子,亦非后世表职位称谓的"太子"概念。如前文所引的《合集》3061中的"大子"实际上也可以称为"太子"。再如商末时器"小臣缶方鼎"(《三代吉金文存》3.53.2)记:

王易(赐)小臣缶渪责(积)五年,缶用作享大子

小臣缶方鼎

传统与变革之间：商周亲属称谓的演进

小臣缶方鼎铭文

乙家祀障。䰧。父乙。

从"缶用作享大子乙家祀障"可知，这件器物是用来祭祀"大子乙"的，但铭文末尾又出现"父乙"称谓，故"父乙"和"大子乙"无疑是同一个人。"大子乙"是"缶"的父亲，而身为人子的"缶"却以"大子"来称呼

46

自己去世的父亲，说明这时他所称的"大子"当是个尊称或美称，即"太子"，以标示出其父在"缶"所属之大宗族中，曾是具有优先继嗣权利的嫡长子的尊贵身份。[1]

此外，前文所举殷墟刘家庄商末墓葬 M1046 的石璋上面记有："祼于大子丁"。（编号 111 和 108）编号为 118 的石璋上记有："祼于长子癸。"编号为 115 的石璋上记："祼于中子癸。"石璋文字把"大子"与"长子"称谓区分开，可见，"大子"当即是"太子"，是具有优先继嗣权的嫡长子。

商代"大子"称谓与后世的"太子"称谓还有个很大的不同，那就是在商代，凡宗主之嫡长子即可称"大子"或"太子"，而后世的"太子"由于成为对储君职位的固定尊称，只适用于天子或诸侯之家，不再用于普通宗族中。我们不能把所有的"大子"或"太子"称谓都看成是天子或诸侯家作为储君的嫡长子。前文所论"小臣缶方鼎"中的"大子乙"当曾是"小臣缶"所

---

[1] 李学勤先生或以"大子乙"为王室太子。参见李学勤：《小臣缶方鼎与箕子》《殷都学刊》1985 年第 2 期。笔者暂不从。窃以为当是小臣缶所属宗族之太子。

属大宗族,即"󰎤"家族的太子;刘家庄 M1046 中的"大子"亦当是商人贵族家族的太子。再如:

癸酉,子冥,在󰎥,子乎(呼)大子御□(丁)宜。丁丑,王入。用。来𤟭(狩)自󰎦。(《花东》480)

这里面的"大子"当是"子"家族之嫡长子。故子得以呼令他。

商末时器"京丽簋"(《集成》03975)记:"辛巳,王饮多亚,耴(廷)享,京丽易(赐)贝二朋,用作大

京丽簋

京丽簋铭文

子丁。耴须。"

这里的"大子丁"曾是"丽"所在大宗族,即"耴须"家族的太子。

商周亲属称谓的演变及其比较研究

商末时器"诸姻爵"(《集成》09090)记:"亚丑(？)。者(诸)姻以大子尊彝。"

以,致也。这里的"大子"是"亚丑"家族的太子。

西周早期时器"堇鼎"(《集成》02703)记:"匽侯令堇饴大保于宗周。庚申,大保商(赏)堇贝,用作

堇鼎

堇鼎铭文

大子癸宝尊𫂳。丩冊。"

这里的"大子癸"是堇所属大宗族,即"丩冊"家

族的太子。

以上所引材料,花东卜辞属武丁时物,"堇鼎"属西周早期时物,刘家庄M1046的"大子丁"时代不能确认,其他器物的时代均在商末,我们不能将这些"大子"均视为商王室的太子。

另有商末时器"作册丰鼎"(《集成》02711)中亦记有"大子"称谓作:"癸亥,王迨于作册般新宗。王商(赏)

作册丰鼎铭文

作册丰贝，大子易（赐）东大贝。用作父己宝鼄。"

专家或谓，此铭文中共出现了五个人：王、作册般（已故）、作册丰、大子、父己（已故）。其中作册般是作册丰的长辈，作册般与父己是一人，大子当是商王大子。[1] 或谓"作册般"与"作册丰"为兄弟，父己是他们共同的父亲，大子为商王大子。[2] 这些意见均言之有理，可成一家之说。然笔者以为，个中稍嫌曲折。窃以为，作册般非故去之人，"作册般新宗"仅指作册般家族的宗庙，非作册般之宗庙。作册般为宗主，得以继嗣宗庙，故系以作册般之名。所谓的"作册丰"是不存在的，"王赏作册丰贝"是指王赏赐给作册般来自丰地的贝，"作册"是前文"作册般"之省。"大子"很可能是商王的"大子"，"大子赐东大贝"指商王大子赏赐给作册般来自东地的大贝。作册般因此作了这件器物来祭祀父己。如是整个铭文的大意就通畅明了。所谓的"作册丰鼎"实际上应该是"作册般鼎"，下文从此名。

---

[1] 黄铭崇：《甲骨文、金文所见以十日命名者的继统"区别字"》《中央研究院历史语言研究所集刊》第76本第4分册。
[2] 朱凤瀚：《作册般鼋探析》《中国历史文物》2005年第1期。

对于商周之际的"大子"称谓,我们可以简要总结:商代的"大子"本为亲称,"大"本为大、中、小之大;又引申出"太子"称谓,指称宗主或君主的嫡长子,具有优先继嗣的权利;最后"太子"称谓又逐渐的固定化,专指国君之嫡长子,"太子"称谓成为尊称或美称。不仅直到西周早期时器"堇鼎"中,我们仍然可以见到这种称谓情况。至春秋以后,"太子"已逐渐演变为一种固定的职位尊称,而且仅限于天子诸侯之家。[1]不管是嫡长子还是其他庶子,只要被立为储君,皆可尊称为"太子"。

上述"大子"称谓的演化,当有着深层的社会因素。上古时候,常常是国族合一,一个大的宗族有时就可以称为一个国家。如《尚书·尧典》记尧之功勋时谓其能"协和万邦",其中的"万邦"其实就是就氏族而言的。至西周时代,《诗经·大雅·文王》依然记载:"仪刑文王,万邦作孚。"西周中期的"盠驹尊"(《集成》06011)器铭记:"盠曰:王俩下不其,则万年保我

---

[1]《史记·齐太公世家》记春秋时齐国大臣崔杼立其少子"明"为其家族之"太子",此例较为特殊,非常罕见,可能是商周时期"太子"称谓之遗孑,它改变不了"太子"称谓固有化和专有化的趋势。

万宗。"而相应的"盠方尊"(《集成》06013)则记:"盠曰:天子不叚不其,万年保我万邦。""盠驹尊"中的"万宗"即是"盠方尊"中的"万邦"。可见,时至西周中期,宗族即是邦国的观念依然强烈,这是长久以来,作为社会基本结构的族组织对人们思想观念强烈影响的体现。这种国族合一的情况,使得早期的"大子"范围不会仅限于天子或诸侯中,而是包括了万宗之"大子"。且"大子"之"大"本为大、中、小之大,后来才引申出"太子"称谓。故不仅国君有"大子",普通族氏亦本有"大子"。至春秋以后随着国家的进一步发展,宗族式微,国、族的分野逐渐明晰,"太子"称谓也逐渐上移,演变为仅是对天子或诸侯之家储君的职位尊称。《左传·哀公七年》记:"禹合诸侯于涂山,执玉帛者万国。今其存者,无数十焉。唯大不字小,小不事大也。"这可以说是对当时国家发展的最好说明了。这种国家的兼并统合与集权的发展,带来的便是专有称谓的发生,如是后世的"太子"称谓的固定化、专有化也是不难理解的了。

7."长子":"长子"一词商人已有,即指首子,不分嫡庶与男女。如前文所述安阳刘家庄 M1046 的墓葬中，编号为111和108的石璋上记："祼于大子丁。"编号为118的石璋上记："祼于长子癸。"编号为115的石璋上："祼于中子癸。"石璋文字把"大子"与"长子"称谓区分开，其中的"长子"可能是指称庶长子。《史记·殷本纪》载："帝乙长子曰微子启，启母贱，不得嗣。少子辛，辛母正后，辛为嗣。"其中的"长子"同样是指庶长子。《仪礼·丧服》记："丧服，斩衰裳，苴绖杖，绞带，冠绳缨，菅屦者。诸侯为天子，君。父为长子，为人后者。"其中的"长子"系为人后，故指称嫡长子无疑。以上皆为男性之"长子"。《诗经·大雅·大明》记："缵女维莘，长子维行。"《毛传》："长子，长女也。"指有莘氏长女大姒配行文王。此就女性之"长子"而言。

8."元子"："元子"一词，先秦典籍多见。张桂光先生曾对经书中的"元子"称谓有过很好的讨论，其研究指出，汉人对十三经中"元子"的训诂都属随文释义，后世《辞源》《汉语大词典》等关于"嫡长子"的解说实不知所据。张先生又从"节可忌豆"出发，认为其中的"元子"不能解释为"长子"或"长女"，"元"应训作"善也"。如是，张先生以为先秦典籍及金文中的"元子"之"元"均当训为"善也",为尊称。此外,"元"之后尚有孙、女、妹、配等称谓,张先生亦认为其中的"元"皆应训为"善"。[1]

笔者以为,张先生的考释正确指出后世对"元子"称谓的误读,辨明了"元子"称谓本身没有嫡庶之分,这是可信的。然张先生以为旧多训为"长"的"元子"之"元"皆当训为"善",并以其他一些称谓词前的"元"亦应均训为"善",这恐怕还有待商榷。

"元"字本义当为首,引申有长、始等意思。"元"与一些称谓相搭,确有首、长之义。以上文张先生所举的"元配"为例,如《左传》昭公八年记:"陈哀公元妃郑姬,生悼大子偃师,二妃生公子留,下妃生公子胜。"此中元妃与二妃、下妃相对,"元"字必为首、长之义,而绝非"善也"之义。我们不能把所有亲称前的"元"都训为"善"。

实际上,作为亲称的"元子"称谓与"长子"一样,不分嫡庶与男女。如《尚书·微子之命》记:"王若曰:猷,殷王元子。"《左传·哀公九年》:"微子启,帝乙

---

[1] 张桂光:《金文语词考释二则》《古文字学论稿》,安徽大学出版社,2008年,第127—130页。

之元子也。"此皆指称微子启,故"元子"为庶长子。《尚书·顾命》:"用敬保元子钊,弘济于艰难。"这是指称周康王钊的,故"元子"为嫡长子。《诗经·鲁颂·閟宫》:"王曰叔父,建尔元子,俾侯于鲁。"此指周公长子伯禽,故"元子"亦为嫡长子。以上皆就男性之"元子"而言。西周中期时器"番匊生壶"(《集成》09075)记:"唯廿又六年十月初吉己卯,番匊生铸賸壶,用賸厥元子孟妃㚔,子子孙孙永宝用。"此中"元子",当为长女。

除了作为亲称以外,我们还不能完全排除"元子"存在作为"美称"的可能。1987年,山东省淄博市临淄区白兔丘村东淄河滩中出土一件战国齐地的铜豆,豆腹内部有铭文记:

隹王正九月,辰在丁亥,节可忌作厥元子仲姑賸敦。[1]

"节"字从何琳仪先生考释。[2] 其中的"元子"称谓存在两种可能:一是作为亲称;一是作为美称。先来看作为亲称的情况。当"元子"作为亲称时,就是长

---

[1] 张龙海:《山东临淄出土一件有铭铜豆》,《考古》1990年第11期。
[2] 何琳仪:《节可忌豆小记》,《考古》1991年第10期。此外,张光裕先生亦曾于香港文物市场购得同铭铜豆一件,并就器物铭文进行了深入的考释,可参。张光裕:《雪斋新藏可忌豆铭识小》,《雪斋学术论文二集》,台湾艺文印书馆,2004年,第67—71页。

女的意思。这时又可以分两种情况：一是，仲姞虽为节可忌的长女，但在节可忌的宗族中不是最长的卑一辈女性，即其上可能有堂姐之类，故称"仲姞"。二是，仲姞于家内姊妹中当属最长却又称为仲，其上可能有兄长，"仲姞"之"仲"可能是与其长兄相对的。

此外，"节可忌豆"中的"元子"亦可能像张桂光先生所说，是一种美称，元训为善。但在先秦典籍文献中，我们尚未找到以"元子"为美称的例子，暂时存疑。

9."中子"："中子"即次子，次于"大子"或"长子"。这在前文所述安阳刘家庄 M1046 的墓葬出土的石璋文字上可以看得很清楚。"大子""中子""小子"三者，"大子"地位最尊，不仅生前为储君，死后亦常常受到尊崇。如前文所述的大子孝己等皆如是。其次就是"中子"了。除了安阳刘家庄 M1046 的墓葬出土石璋文字"中子癸"外，再如：

□申☑☒中子。**自小字**（《合集》3258）

御子辟中子。不。

己未卜，御子辟小王。不。**自小字**（《合集》20023）

于中子祐子辟。　　　　**自小字**（《合集》20024）

这是武丁时候的"中子"。尤其是《合集》20023

中,分别占卜向去世的"中子"和"小王"求佑,为子辟攘除灾害。"中子"和身为"小王"的太子孝己并列,亦可见其地位非同一般。《合集》20024亦是占卜向"中子"祈求保佑子辟的情况。

辛丑卜,大贞:中子岁,其征酌。

出二类(《合集》23545)

己酉卜,□贞:王□中子岁□亡尤。

出二类(《合集》23547)

《合集》23555

☐宜于中子，惠羊。出二类（《合集》23555）

这是祖庚祖甲时期对"中子"的祭祀。

商末周初时器的"弔中子日乙簋"（《集成》03449）记："弔。中子日乙。"

其同人器"弔作中子日乙卣"记："作中子日乙宝尊彝。弔。"此卣器盖对铭。[1]

商代时器"亚𠱿作中子辛盉"（《集成》09415）记："亚𠱿。作中子辛彝。"

另有商时器"田舌作中子甗"（《集成》00889）记："田舌。作中子彝"。"舌"字，《殷周金文集成释文》作"告"，当为舌字。

这些都是各家族对其族内中子的祭祀。即使到了周代，"中子"的地位依然很高。如《逸周书·王会解》记成王时期的大合会："西方东面，正北方：伯父、中子次之"。疑此处是据"中子"以概"小子"。然仅以"中子"概之，亦可见其重要地位。

因此，商周时期的"中子"在家族中的地位虽次于"大子"，但依然较为重要。相对来说，"小子"的

---

[1] 黄铭崇：《甲骨文、金文所见以十日命名者的继统"区别字"》《中央研究院历史语言研究所集刊》第76本第4分册。

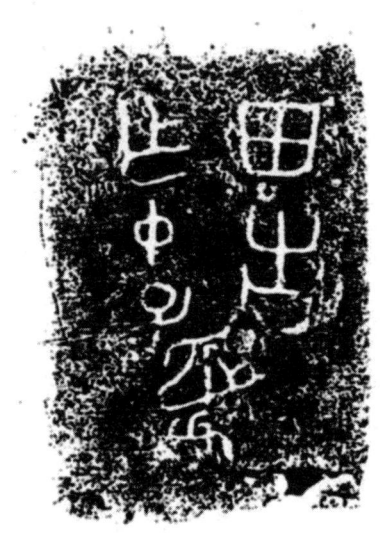

田舌作中子甗

地位要低很多,商周的甲骨金文中,我们很少看到祭祀"小子"的材料,而多见"小子"从事各种役事的情况。

"中子"一般只有一个,若要严格区分嫡庶,则可能有两个。如金文中有"大中""小中"之称。西周中期器的"盠驹尊"(《集成》06011)记:"余用作朕皇考大中宝障彝"。西周中期时器的"卫鼎"(《集成》

02616）记："卫作文考小中、姜氏盂鼎，卫其万年，子子孙孙永宝用。"

"中子"之后皆可称"小"。如商王"小辛""小乙"皆以"小"冠之。类似于周代，伯仲之后皆可称叔季一样。

10."小子"："小子"称谓也是商周"子"称中的一个难点，由于其所涉及的材料纷繁复杂，学界对此意见不一。曾运乾《尚书正读》谓："小子，盖同姓小宗也。"刘昭瑞先生认为，同宗子弟对长上自称"小子"，长上称子弟也为"小子"。[1] 王辉先生以为"小子"指宗族中的年轻人。[2] 李学勤先生则认为，"小子"如系自称，是表谦卑。如称他人，则是长上口吻。[3] 此外，裘锡圭先生还指出，卜辞中的一些"小子"可能跟"中子"相类，是少子的意思。[4]

笔者以为，商周社会中的"小子"确实包含了上述多种义项，只是什么时候用哪种义项才是问题的关

---

[1] 刘昭瑞：《关于甲骨文中子称和族的几个问题》《中国史研究》1987年第2期。
[2] 王辉：《商周金文》，文物出版社，2006年，第46页。
[3] 李学勤：《何尊新释》《中原文物》1981年第1期。
[4] 裘锡圭：《关于商代的宗族组织与贵族和平民两个阶级的初步研究》《古代文史研究新探》，江苏古籍出版社，1992年。

键所在,目前还只能视具体的语境来判断。如常和作为宗族长"子"相对的"小子",学界常释为同宗子弟,这应该是合理的。而确实存在许多表示谦称的"小子",如许多贵族首领,甚至是国君、天子等都会自称"小子",这就应该是一种谦称了。

总之,关于商周之际的"小子"称谓,我们不能一概而论,理应根据资料的性质作区别对待才是。

作为同宗子弟的"小子"称谓,其宗法意义是很值得关注的。西周晚期的"逆钟"(《集成》00060)记叔氏命逆"用䕍于公室仆庸、臣妾、小子室家"。其中的"小子室家"显然与"仆庸臣妾"有别,地位当高于"仆庸臣妾"。裘锡圭先生说,此铭小子是指发命者所代表的公室所直属的诸小宗宗子,这大致是合理的。[1] "小子"的地位在宗主之下,仆人之上。他们和宗主的关系具有双重性,现藏上海博物馆的商器"小子省卣"(《集成》05394)记:

甲寅,子赏小子省贝五朋,省扬君赏,用作父己宝彝。㠱。

---

[1] 裘锡圭:《关于商代的宗族组织与贵族和平民两个阶级的初步研究》《古代文史研究新探》,江苏古籍出版社,1992年。

此器器盖同铭,"小子"是宗族子弟,他受到宗主的赏赐后称其宗主为君,可见君宗合一实始于商人,而不惟周人所独有。对于宗主来说,族内的子弟既是其臣,又是族人;反之,对于宗族子弟来说,其族长既是宗,又是君。到了周代,这种情况依然如是。西周中期的"虞簋"(《集成》04167)记:

虞拜稽首,休朕匋君公,伯赐厥臣弟虞井五粮,赐衮冑、干戈。虞弗敢望(忘)公伯休,对扬伯休,用作祖考宝尊彝。

小子省卣　　　　　　　小子省卣铭文

传统与变革之间：商周亲属称谓的演进

豦簋

豦是公伯的弟弟，属于公伯的宗族子弟，他称其宗族长为"君"，又自称"臣弟"，可见他和宗族长的关系依然是双重的。宗族长既为君，又为宗；而族人既是子弟，又是臣。宗族长与其族内子弟关系的这种双重性早在商代就已经产生，至周代社会依然延续。

最后，我们还想简单对"小子"称谓做一个总体的梳理。如前文所言,"小子"称谓的含义多样,或为同宗子弟,或为卑称、谦称,或为年轻人,或为少子等。笔者以为,"小子"称谓最为基本的含义是"少子",其他含义皆由此引申而来。商周社会常有用大、中、小来表示宗族内同辈同性亲属之间的长幼关系,[1] 卜辞、金文常见有"大子""中子"称谓,最初均表宗族内子辈的长幼排行,而"小子"就是其中次于"中子"的那些子辈。因为"小子"最初是表示宗族内的幼小子辈,这些幼小子辈在宗族继承权上远逊于"大子""中子"等,他们继承宗族长的可能性在理论上是较为渺茫的。当他们兄长继位为宗族长之后,他们的身份又发生了变化,成为新宗族长的幼弟。因此我们可以把同宗子弟都概称为"小子"。因为"小子"排行靠后,较为年幼,故引申有年轻人的含义。又因年幼而经历不够丰富,见识短浅,故引申有"卑称"的"小子"。最初作为"卑称"的"小子"是有实际意义的,而非如一般的"谦称"那样没有实际意义。如成王五年的"何尊"铭文(《集成》06014)记成王告诫何说:

---

[1] 黄国辉:《商代亲称区别字若干问题研究》《考古学报》2012年第3期。

"尔有唯小子亡识。""亡识"即"无识",指没有很好见识或见识短浅。可见"亡识"正是"小子"的一种特征,这种特征是不好的,需要去更正的。1978年,河北元氏西张村墓葬出土了西周早期的"叔趯父卣"(《集成》05428),其铭文记:

叔趯父曰:"余考(老),不克御事,唯汝焂其敬嬖乃身,毋常为小子。余兄为汝兹小郁彝"。

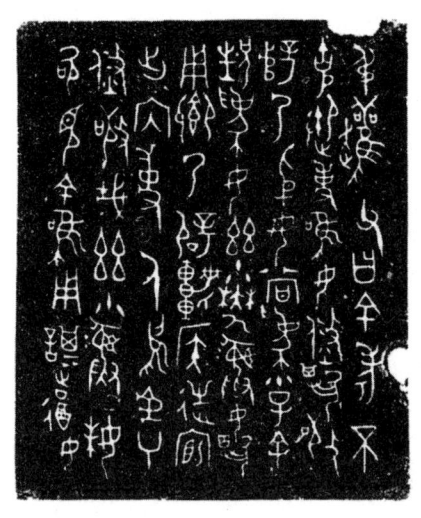

叔趯父卣

铭文主要记载叔趞父告诫其弟㦰，说自己已经老了，不能任事，希望㦰自己能够恭敬勤勉，不要任性妄为，亦即毋常为"小子"之行。因此，从"𡥀尊"与"叔趞父卣"的记载上可知，作为"卑称"的"小子"不是停留在毫无意义的层面上，它就是指称那些缺乏经历，见识短浅，任性妄为的年轻人。这里说的年轻人，有时并非指实际年龄很小，而是相对其他年龄较长的人而言。后来这种"卑称"的"小子"变成"谦称"以后，它就没有什么实际内涵了。

总之，在"小子"称谓的多种义项中，表示"少子"的义项是最为基本的，即它最初表示族内子辈的长幼排行中次于"大子""中子"的子辈。其他义项都由这种基本义项引申而来。

11."宗小子"：成王五年的"𡥀尊"铭文（《集成》06014）记："王诰宗小子于京室。""宗小子"称谓说明作器者𡥀与周成王之间存在亲缘关系，属同宗。相对作为大宗的周王来说，𡥀是小宗，是大宗的子弟。"𡥀尊"与近出"𡥀簋"属同人器，𡥀为小宗之长的地位是在"𡥀簋"时代（成王二年）就已经奠定了的。[1]

西周中期器的"盠驹尊"(《集成》06011)记:"王呼师豦召盠,王亲旨盠驹,赐两。拜稽首,曰:王弗忘厥旧宗小子,懋皇盠身。"

学界专家研究指出,"盠驹尊"器主"盠"即是"逨鼎"中的"惠仲盠父",[2] 为单氏支族的小宗长,与周王同为姬姓。因此,"盠驹尊"中的"宗小子"应该理解为同宗子弟。

12. "北子":1961年,湖北江陵万城西周早期墓葬出土了一批铜器,其中有铭文多有记"北子"称谓。笔者以为其中的"北子"当即是"别子",为小宗。[3]

---

[1] 黄国辉:《新见㢸簋再议》《考古与文物》2011年第1期。

[2] 持这种观点的主要有李学勤、高明、王占奎、刘军社、刘怀君、曹玮、王辉、董珊等学者。马承源等:《陕西眉县出土窖藏青铜器笔谈》,李学勤:《眉县杨家村新出青铜器研究》《文物》2003年第7期;王辉:《逨盘铭文笺释》《考古与文物》2003年第3期;董珊:《略论西周单氏家族窖藏青铜铭文》《中国历史文物》,2003年第4期。

[3] 黄国辉:《江陵北子器所见人物关系及宗法史实》《历史研究》2011年第2期。此外,另有"北子作母癸方鼎"(《集成》02329)、"北子卣"(《集成》05165)、"北子作彝尊"(《集成》05762)、"北子觶"(《集成》06476)、"北子觶"(《集成》06507)、"北子宋盘"(《集成》10084)等亦记"北子"称谓,这些器物中的"北子"可能都是"别子"之义。

13."寡子":西周中期的"寡子卣"(《集成》05392)值得注意,其器盖对铭,现盖藏于上海博物馆,器则藏于台北故宫博物院,其铭文记:

敦不叔(淑),㦰乃邦。呜呼,誺帝家以寡子,作永宝。子。

"寡子卣"的铭文较为难懂。帝,通作嫡;家与宗义近,"陈逆簠"(《集成》04629)记有:"𢟙恤宗家。"帝家,即嫡家,嫡宗之义,指大宗。以通与。"寡子"称谓,林圣洁先生指出,"寡子"之"寡"的用法当同于《诗·大雅·思齐》:"刑于寡妻,至于兄弟。"《毛传》:"寡妻,嫡妻也。"胡承珙《毛诗后笺》:"適(嫡)与庶对,庶为众,则適为寡矣。""寡子"即"嫡子","子"为亲称。而该铭末的"子"是作器者立场的标示,可以排除作为亲称的可能。林先生对"寡子"的看法是可信的,寡子即嫡子,宗子之义。

14."世子":西周早中期器"效卣"(《集成》05433)铭文记:

唯四月初吉甲午,王观于尝,公、东宫内(入)飨于王。王赐公贝五十朋。公赐厥涉子效王休贝廿朋,效对公休,用作宝尊彝。

另有"效尊"(《集成》06009),现藏于日本神户白鹤美术馆,铭文与"效卣"同,我们可以把它们合称为效器。杨树达先生研究指出其中的"涉子"当读为"世子"。[1] 可从。

效卣

效卣铭文

15. "譞子":西周金文有一"譞子"称谓。西周时器"伯作譞子簋"(《集成》03674)作:

伯作譞子宝尊彝。

"譞"字所从右旁即为"瞏"字,古文字中常见,

---

[1] 杨树达:《积微居金文说》,中华书局,1997年,第85页。

兹不赘述。"謩"字亦从"䁕"得声，当通作孟。䁕古音微母阳部字，孟古音明母阳部字，音近义通。《周礼·夏官·职方氏》记："其泽薮曰䁕诸。"《汉书·地理志》则作"孟诸"。孙诒让《周礼正义》谓："书作孟猪，或作盟猪。《尔雅》作孟诸。郑诗谱陈谱作明猪。孟、䁕、明、盟及诸、都、猪声类并相近"。甚是。故"謩子"即是"孟子"。"伯作謩子簋"大意指身为宗族长的伯氏给其排行为"孟"的儿子作了件器物。

16."宗子"：西周金文有"宗子"称谓。如现藏法国巴黎塞尔诺什博物馆的西周时器"善鼎"铭文（《集成》02820）记：

> 余其用格我宗子与百姓，余用介纯鲁于万年，其永宝用之。

对此，张桂光先生已指出，"宗子"即"宗主"之义。[1]甚是。

---

[1] 张桂光:《金文语词考释二则》，见张光裕主编:《古文字学论稿》，安徽大学出版社，2008年。

17."嫡庶子"

2002年,湖北随县九里墩战国古墓出土了一件精美的青铜鼓座,上有长篇铭文,铭文记有:

余以共旒示□帝(嫡)庶子,余以会同生(姓)九礼。

帝(嫡)庶子,当即是宗族里的嫡子与庶子。

18. 文子:1988年湖北襄樊余岗村团山东周墓M1出土了一批青铜器,其中有一件"郑臧公孙鼎",其盖器对铭记:"余郑臧公之孙,余刺之疚子"。

关于铭文中的"疚子"问题存在争论。黄锡全、李祖才先生以为"疚"当读为"文","疚子"即先秦典籍常见的"文子",犹善子、贤子。[1] 而胡长春先生则认为,"疚子"应该读为"门子",指周及春秋时期卿大夫的嫡子。[2] 李学勤先生从此说。[3]

笔者以为"疚子"称谓还有待研究,"文子"说与"门子"说暂可并行而不悖。这里需要强调的是,除了

---

[1] 黄锡全、李祖才以为作器者名。见《郑臧公之孙鼎铭文考释》《考古》1991年第9期

[2] 胡长春:《金文考释二则》,见张光裕、黄德宽主编:《古文学论稿》,安徽大学出版社,2008年。

[3] 李学勤:《郑人金文两种对读》《中华国学研究》创刊号。

"郑臧公孙鼎"中的"疧子"以外，金文中还存在一个"敃子"称谓，值得重视。春秋时器"三儿簠"(《集成》04245)记：

> 唯王［二(？)月］初吉丁巳，□孙三儿曰余吕以□之孙，殷(？)□敃子□又之□［择其］吉金，用［作］宝簠。用［享孝于］□，其遵孟□□敃子□……

"三儿簠"铭文残损严重，但"敃子"一词则较为清晰，"敃"字作𢼸。笔者以为"三儿簠"中的"敃子"当即是"郑臧公孙鼎"中的"疧子"。不论是出土材料还是典籍文献，从民者与从文者相通的情况都是较为常见的。如：

"毛公鼎"："敃天疾畏(威)，司(嗣)余小子弗伋，邦将害(曷)吉？"于省吾先生《泽螺居诗经新证》谓此即《诗·小雅·雨无正》之"旻天疾威"。《说文》："旻，秋天也。"《尔雅·释天》："秋为旻天。"郭璞注："旻犹愍也，愍万物雕落。"典籍里面，从民与从文相通的例子就更多了。[1]

因此,笔者以为,"三儿簠"中的"孜子"当即是"郑臧公孙鼎"中的"疚子",当读为"文子"。

19."毓子":西周金文有"毓子"称谓作:

"吕仲仆爵"(《集成》09095):吕仲仆作毓子宝尊彝。或。

"或"为族徽。"毓子"之"子",《殷周金文集成释文》误作"毓孙",当正。此铭"毓子",王国维以为,毓,稚也。"毓子"即是"稚子"。[2] 近年又有刘桓先生详加考证后指出,毓当读为胄,胄,胤继也。"毓子"即"胄子","胄子"即是嫡子之义。[3]

20."嗣子":战国时器"令狐君嗣子壶"(《集成》9720)记有"嗣子"称谓作:

唯十年四月吉日,令狐君嗣子作铸尊壶。

"嗣子"当为承嗣之子,即为继嗣之宗子,亦表明其家族地位的尊贵。

---

[1] 高亨、董治安:《古字通假会典》,齐鲁书社,1989年,第151页。
[2] 王国维:《殷卜辞中所见先王先公续考》《观堂集林》,中华书局,1959年。
[3] 刘桓:《殷墟卜辞中的"多毓"问题》《考古》2010年第5期。

令狐嗣子壶　　　　　　　令狐嗣子壶铭文

综上所考,我们可就商周时期"子"称的演进及其差异情况做简要论述。笔者以为,商周时期"子"称的基本含义都表示卑一辈的儿子或女儿,其他含义均由此引申而来。但商周两个社会中的"子"称仍然存在一些差异。如:单称的"子"可以用来表示宗族首领,这在商代是较为常见的,但周代社会则较为少见。周代社会中单称的"子"常是对他人的一种尊称。商代的"某子"之"子"常常也表示宗族长的含义,而西周晚期以后的"某子"之"子"的含义就已经变得较为复杂了，或为宗子，或为爵称，或为美称等。商代的"大子"称谓本为亲称，指排行最长的子辈亲属，又引申出"太子"称谓，指称宗主或君主之嫡长子，具有优先继嗣的权利。到了周代，"太子"称谓逐渐固化，最后变成一种固定的职位尊称，专指天子或诸侯的储君。不管是嫡长子还是其他子辈，只要被立为储君，皆可称"太子"。商代的"小子"称谓常指那些排行靠后的子辈亲属，又引申出"同宗子弟"的含义。周代社会中"小子"除了具备商代的那些含义之外，其用作卑称或谦称的特点较为明显。作为卑称的"小子"称谓最初是有实际意义的，就是指那些见识短浅的年轻人，而当"卑称"变成"谦称"之后，它就没有什么实际内涵了。

六 结语

综上所考，我们可就商周时代的祖、妣、父、母、子等亲属称谓做一简要归纳如下：

狭义亲称	广义亲称	商代	周代	备注
祖	高祖	√	√	均可指称"远祖"之义。但商代"高祖"的下限在曾祖之父，周代则延至曾祖，且可作尊称。
	毓祖	√		指称"近祖"，可包括曾祖与祖父。
	先祖	√	√	均可指称祖父以上（含祖父）的男性祖先。
	亚祖	√	√	均可指称父辈以上，始祖以下祖先。但商代"亚祖"之"亚"既可修饰亲称，亦可修饰日名，周代则常见修饰亲称。
	大祖	√	√	商代"大祖"指称同祖辈亲属之最大者，而周代"大祖"则为"太祖"，指称始祖。
	小祖	√		指称同祖辈亲属中排行较为靠后的。
	嗣祖		√	指称继嗣，即嫡系先祖。
	祖考		√	既可分指祖父与父考，亦可泛指父辈及其以上祖先。
	祖父		√	分指祖父与父考。

传统与变革之间：商周亲属称谓的演进

狭义亲称	广义亲称	商代	周代	备注
妣	高妣	√		高祖之配。
	毓妣	√		毓祖之配。
	司妣	√		可能指称年长之妣。
	小妣	√		可能指排行为"小"的祖先之配。
	中妣	√		可能指排行为"中"的祖先之配，亦可能是其自身排行。卜辞中尚不知具体所指。
	亚妣	√		可能是对"高妣"而言，抑或指区别字为"亚"的祖先之配。
	生妣		√	指称所从出之先妣。
父	介父	√		指称庶出之父。
	大父	√	√	均可指称排行最先的父辈亲属，但东周以后的"大父"可读为"太父"，指称祖父。
	中父	√	√	介于"大父"与"小父"之间的父辈亲属。
	小父	√		排行在"仲父"之后的父辈亲属。
	王父		√	指称祖父，抑或父辈亲属。
	伯父		√	指称父之兄；周王对同姓诸侯亦可称"伯父"。
	帝考		√	指称承嗣之生父。

狭义亲称	广义亲称	商代	周代	备注
母	司母	√		可能指称年长之母辈亲属。
	大母	√	√	商代"大母"指称排行最先的母辈，周代则读为"太母"，指称祖母。
	中母	√		指称介于"大母"与"小母"之间的母辈亲属。
	王母		√	指称祖母，抑或母亲，抑或同于"皇妣"，表尊称。
子	子	√	√	指称儿子或女儿，抑或指宗子，由此引申指宗主首领。
	帝子	√	√	指称嫡子。
	介子	√		指称庶子。
	大子	√	√	均可指称宗主或国君嫡长子，后逐渐固定化，专指国君之嫡长子。
	长子	√	√	均可指称首子，不分嫡庶与男女。
	元子		√	指称首子，不分嫡庶，不分性别。
	中子	√	√	指称次子，仅次于"大子"与"长子"。
	小子	√	√	均可指称宗族子弟。本义为少子，由此引申有宗族子弟及谦称或卑称的"小子"。
	宗小子		√	指称同宗子弟。
	北子		√	指称别子。
	寡子		√	指称嫡子、宗子。

传统与变革之间：商周亲属称谓的演进

狭义亲称	广义亲称	商代	周代	备注
子	世子		√	指称嫡长子。
	望子		√	指称孟子，即庶长子。
	宗子		√	指称宗主。
	帝庶子	帝子	√	指称嫡子与庶子。
	沈子		√	本指称童子，由此引申为谦称。
	子		√	指"门子"，则属亲称，为继嗣之嫡子；指"文子"，则属美称，为贤善之子。
	毓子		√	指称继嗣之嫡子。
	嗣子		√	指称继嗣之嫡子。

* 本表中有些商代所无的广义亲属称谓，仅表示现有资料尚未发现，并不意味着商代社会就一定没有这些广义亲属称谓。表中的周代广义亲属称谓亦当作如是观。

此外，在商代的亲属称谓中，还存在着一种常在亲称之前加上数字的称谓格式，非常醒目。对于这种"数字"与"亲称"的称谓方式，笔者曾有过讨论，[1] 这里不再赘述。综上，对于商周社会的祖、妣、父、母、子等亲属称谓，我们可以总结分析如下：

第一，商周亲属称谓的具体演变情况。应该说，祖、

---

[1] 黄国辉：《商代亲称区别字若干问题研究》《考古学报》2012年第3期。

妣、父、母、子是商周社会最为常见的亲属称谓，作为狭义亲称，除了"妣"之外，其他亲属称谓的基本含义都较为稳定，没有发生大的变化。"祖"指的是尊二辈，即父辈以上的男性亲属。"父"即是尊一辈的父辈亲属。"母"即是尊一辈的母辈亲属。"子"为卑一辈的子辈亲属，卑一辈的"子"称没有区分性别，儿子可称为"子"，女儿同样可称为"子"，商周社会均是如此。商代的"妣"称指的是尊二辈，即母辈以上的女性亲属，西周时期的"妣"称仍然保持了这样的含义，而战国以后的"妣"称含义逐渐开始变化，最终形成与"考"称相对，表故去的母辈亲属的意义。但是作为广义亲称的祖、妣、父、母、子等亲属称谓，其在商周时期的演变与差异情况都较为复杂，这在前文中已有详细考证。

第二，商周亲属称谓制度的整体演变。商代社会的亲属称谓制近于"二分合并型"（易洛魁称谓制），而周代社会的亲属称谓制虽然在整体上也是近于"二分合并型"，但亲属称谓却比商代丰富许多，并发展出一些"二分旁系型"的新特征。大致说来，从商到周，我国的亲属称谓制经历了一个由简到繁的演变过程，体现出逐渐

传统与变革之间:商周亲属称谓的演进

向"二分旁系型"(苏丹称谓制)过渡的趋势。[1]

[1] 现代意义上的亲属称谓分类是由美国的路易斯·亨利·摩尔根 1871 年在他的《人类家族的血亲和姻亲制度》一书中提出来的,后来他又在此书的基础上写成了《古代社会》(摩尔根:《古代社会》,杨东莼、马庸译,商务印书馆,1977 年)。摩尔根把亲属称谓分为两大类,即"叙述制"和"类分制"。前者的特征是直系和旁系亲属各自有别,后者的特征是只计群体,不计个人的亲属关系,无论直系还是旁系亲属,行辈相同的同性亲属都用同一称谓。其中"类分制"又可以再分成两小类,即"马来亚型"和"都兰型"。"马来亚型"的特征是凡同行辈亲属,男女分别各用同一个称谓,父母的兄弟都称父,父母的姊妹都称母。"都兰型"则区别了父方与母方。在父方,凡和父同性者称谓相同,异性用另外称谓。在母方,凡和母同性者称谓相同,异性者另外称谓。

此后美国人类学家 R.H. 罗维在《初民社会》一书中对摩尔根的分类提出了强烈批评,他把亲属称谓分为四类:行辈型、二分合并型、二分旁系型和直系型(罗维:《初民社会》,吕叔湘译,江苏教育出版社,2006 年)。其中的"行辈型"相当于摩尔根的"马来亚型","二分合并型"相当于摩尔根的"都兰型"。"二分旁系型"的特征是父母的兄弟或姊妹和父母称谓有别,而且他(她)们相互之间也各自有别。"直系型"相当于摩尔根的"叙述制",即父母的兄弟或姊妹都和父母称谓有别,但他(她)们都只有一个共同的称谓,如英语中的 uncle 和 aunt 即是此类称谓。

19 世纪 50 年代以来,美国人类学家乔治·彼得默多克在比较研究了世界上 250 多个社会组织与制度后,把人类的亲属称谓分成了六类:夏威夷称谓制、易洛魁称谓制、奥玛哈称谓制、克罗称谓制、爱斯基摩称谓制和苏丹称谓制(乔治·彼得穆道克:《社会结构》,许木柱等译,台湾洪叶文化事业有限公司,1996 年)。大致说来,其中的"夏威夷称谓制"相当于罗维的"行辈型"和摩尔根的"马来亚型","易洛魁称谓制"相当于罗维的"二分合并型"和摩尔根的"都兰型","爱斯基摩称谓制"相当于罗维的"直系型"和摩尔根的"叙述制","苏丹称谓制"相当于罗维的"二分旁系型"。"奥玛哈称谓制"和"克罗称谓制"是默多克新分出来的,前者的主要特征是母方出现了辈分混同的现象,即把母亲、母亲的姊妹以及母亲兄弟的女儿混同,用同一个称谓。在父方里,父亲和父亲兄弟的称谓相同,但与父亲姊妹的儿子有别。而"克罗称谓制"的情况恰恰相反,即在父方中,父亲、父亲的兄弟和父亲姊妹的儿子混同,用同一个称谓,母方则没有出现辈分混同的情况。

代表人物	摩尔根	罗维	默多克
分类	叙述制	直系型	爱斯基摩称谓制
	马来亚型	行辈型	夏威夷称谓制
	都兰型	二分合并型	易洛魁称谓制
		二分旁系型	苏丹称谓制
			奥玛哈称谓制
			克罗称谓制

自摩尔根以来,学者对亲属称谓制的分类都是以尊卑各一辈的血亲称谓为依据。就其尊一辈的"父""母"称谓而言,商代的"父"称包括了父亲与其兄弟,这是目前学界的共识。"母"称亦当包括父亲及其兄弟之配偶,如商王武丁对其伯父阳甲的配偶同样称"母"。[1] 周代的"父"称同样如是。如《诗·小雅·伐木》"以速诸父",《楚茨》"诸父兄弟"等。《尔雅·释亲》"父之昆弟,先生为世父,后生为叔父"。除前举金文以外,《礼记·曾子问》等文献也记有"伯父"称谓。可见周代社会中父亲及其兄弟均可称为"父",这时候还尚未出现以单称的"伯""叔"等亲属称谓来区别己身之父,而必须系以"父"字才行。清儒顾炎武《日知录》谓:"古人于父之昆弟,必称伯父、叔父,未有但呼伯、叔者。"[2] 甚是。母辈亦如是,《尔雅·释亲》:"父之兄妻为世母,父之弟妻为叔母……母之姊妹为从母。"就其卑一辈的"子"称而言,商代的"子"称当包括了兄弟之子,这也是大家公认的。周代的"子"称

---

[1] 黄国辉:《从亲属称谓看殷墟甲骨的分期问题》《文物》2012年第7期。

[2] 顾炎武著,黄汝成等:《日知录集释》卷23,上海古籍出版社,2006年。

大体亦如是。西周早期的罢尊(《集成》05998)铭文记：

罢。由伯曰⿰木某御，作尊彝，曰：毋入于公。曰由伯子曰⿰木某，为厥父彝，丙日，唯毋入于公。

裘锡圭先生研究指出，此尊乃⿰木某受由伯之命为⿰木某之亡父而作。可知由伯虽称⿰木某为"子"，却并非其亲子，而是其兄弟之子。在殷周时代，伯父、叔父皆可称父。……所以侄对叔、伯自称为子，是一点也不奇怪的。《礼记·檀弓上》："丧服，兄弟之子，犹子也。""犹子"言与子同。[1] 裘先生的看法合理可信。

因此，无论是从尊一辈还是卑一辈的基本亲属称谓上看，它们只分别了性别和长幼，而不分亲疏直旁。从这些特征上看，笔者以为，商周社会的亲属称谓制当与"二分合并型"最为接近。但是需要注意的是，周代的亲属称谓制虽然大体接近于"二分合并型"，但与商代相比，其亲属称谓显然要丰富得多。如果再考虑到典籍文献所记载的周代亲属称谓，[2] 那么情况也就

---

[1] 裘锡圭：《从几件周代铜器铭文看宗法制度下的所有制》《尽心集——张政烺先生八十庆寿论文集》，中国社会科学出版社，1996年。

[2] 可参王琪：《上古汉语称谓研究》，中华书局，2008年。

更为明显。如《左传·襄公二十三年》记："初，臧宣叔娶于铸，生贾及为而死。继室以其侄，穆姜之姨子也。"孔颖达疏："然则据父言之，谓之姨；据子言之，当谓之从母，但子效父语，亦呼为姨。""二分合并型"强调在母方，凡和母同性者同称，异性则用另外称谓，而"姨"称的出现显然和"二分合并型"称谓制有别，而与"二分旁系型"称谓制相关，即强调父母的兄弟或姊妹都和父母称谓有别。周代亲属称谓越来越细化，体现了我国上古亲属称谓制逐渐向后世"二分旁系型"称谓制转变的趋势。

因此，笔者以为，周代社会的亲属称谓制兼具"二分合并型"的旧传统与"二分旁系型"的新特征，它虽然在整体上近于"二分合并型"，但其亲属称谓比商代丰富许多，并且发展出"二分旁系型"的新特征。据此,笔者以为可以将周代亲属称谓制单独划出，称为"二分合并过渡型"，视为中国古代亲属称谓制度从商代的"二分合并型"向秦汉以后的"二分旁系型"演进的过渡类型。这种划分是有实际意义的，它不仅可以为我们更为清楚的展示出中国古代亲属称谓制的演进脉络，而且也能更为清晰地反映出商周秦汉时期社会结构的变迁（见下文）。当然，需要指出的是，"二分合并过渡型"在秦汉之际仍然延绵了很长一段时间。

第三，亲属称谓制与商周社会的宗法关系。笔者以为虽然商周亲属称谓在尊卑各一辈的基本亲属称谓上不分亲疏和直旁，如《合集》2131记："父甲一牡，父庚一牡，父辛一牡。"阳甲、盘庚、小辛与商王武丁的生父小乙一样，同称为"父"，但这并不意味着商周时期，人们在实际生活中是不分亲疏和直旁的。恰恰相反，商周时期是宗法社会，人们在实际的生活中已经严格区分出了己身之父与父之兄弟的不同，在祭祀、继嗣、丧葬等诸多问题上，亲疏直旁的分别至为明显。周代社会是宗法鼎盛的时期，其直旁、亲疏之别自不待言。商代社会同样如此。《合集》32384记：

乙未，酒兹品，上甲十，报乙三，报丙三，报丁三，示壬三，示癸三，大乙十，大丁十，大甲十，大庚七，小甲三……三，祖乙……

可见，在祭祀中，商人对直旁系的态度是不同的，即更为重视直系先人。在继嗣上，商人亦有嫡庶之分，这一点在"家谱刻辞"上体现得较为明显。可见"二分

《合集》32384

合并型"的亲属称谓制在商周社会其实更多的是一种表象、一种形式,它不能掩盖商周社会的宗法实质。

第四,亲属称谓制与商周的社会结构关系。笔者以为,中国古代亲属称谓制从商代的"二分合并型"演进到周代的"二分合并过渡型",再演进为秦汉以后的"二分旁系型",这在整体上反映出血缘关系的逐渐弱化，与商周秦汉时期社会结构的变迁有着密切联系。尤其是周代"二分合并过渡型"的亲属称谓制，为秦汉以后中国社会踏入"编户齐民"的时代松解了血缘的绳索，提供了一个相对宽松的社会组织环境，有着重要的意义。

商代的"二分合并型"与周代的"二分合并过渡型"称谓制在形式上不分亲疏直旁亲属，当是脱胎于氏族组织，这种氏族组织当与商周社会的宗族组织存在一定的差异，其族组织的规模更为庞大，其中的血缘关系也更为模糊，因此其亲属称谓在直旁亲疏上的表现并不明显。但是这种亲属称谓制到了社会结构业已发生变化的商周社会，即由早先的氏族组织为基础转变到以宗族组织为基础时，为何没有随之发生大的转变呢？笔者以为，原因是较为复杂的，但有两点是值得关注的。一是亲属称谓制的变化本身具有较强的滞后性，其变化速度要远远落后于社会结构的改变。二是无论是商周时期的宗族组织，还是更早以前的氏族组织，其基础都是族组织，只要这种强大的族组织结构尚未发生大的变化，那么建立在这一基础之上的亲属称谓制同样很难有根本性的转变。春秋战国以后，宗法逐渐解体，宗族组织的基础与影响大为减弱，"二分合并型"的亲属称谓制逐渐随之瓦解，并转变为"二分旁系型"。

但是商周时代的社会结构毕竟还是发生了变化，即由早先的氏族组织为基础转变到以宗族组织为基础。这一变化确实也对"二分合并型"的亲属称谓制产生了一定的冲击，促使其随之发生一些变化。在"二分合并型"的亲属称谓制体系下，商周社会的基本亲称绝大多数是无法区分亲疏直旁的，即便到了周代社会，亦尚未出现类似今天以单称的伯、叔等直接区别己身之父的亲属称谓，其必须与"父"称结合才能准确标示其亲属身份。但商周社会的一些广义亲称已经具有了这样的功能。如本文所举到商代的"帝（嫡）子""介子"等称谓即是如此。而这一点到了周代社会就表现的更为明显了。如本文所举到的"帝（嫡）考""帝（嫡）庶子""宗子""伯父"等等。这些都是和宗族组织相对应的，是商周时期宗族社会结构在其亲属称谓制上的反映。

第五，商周社会中"二分合并型"亲属称谓制的意义。笔者以为，虽然商周亲属称谓制与其社会结构并不完全合拍，即其亲属称谓制的发展要落后于其社会结构的变化，但我们仍然需要看到的是，这种建立在族组织基础上的"二分合并型"亲属称谓制在商周社会中即使更多的只是一种表象，一种形式，但这种表象与形式在现实中同样是具有一定积极意义的。它把父与父之兄弟同称为"父"，把母与母之姊妹同称为"母"，这在客观上拉近了己身与其他亲属成员的之间的关系，有利于团结己身之父辈家族与父之兄弟家族，己身之母辈家族与母之姊妹家族，在凝聚宗族成员的情感，维护宗族成员的团结方面发挥着重要作用。可以说，"二分合并型"的亲属称谓制是建立在规模相对较大的族组织基础上，其亲属成员身份的辨识度较低，因此也就有利于团结范围更为广大的亲属成员；而"二分旁系型"的亲属称谓制则是建立在规模相对要小的家族组织上，其亲属成员身份辨识度较高，因此也就有利于团结血缘关系更为亲近的亲属成员。

关于中国古代亲属称谓制类型与商周秦汉时期的族组织规模，社会结构，亲属分辨广域度与清晰度等关系，我们可以大致总结如下表：

类型	时代	族组织规模	社会结构	亲属分辨域	亲属分辨率
二分合并型	商	大	宗族社会	广	低
二分合并过渡型	周	次大	宗族社会	次广	次高
二分旁系型	秦汉以后	小	编户齐民	窄	高

第六，商代亲属称谓与日名文化。笔者以为，商代亲属称谓受日名文化影响很大，这和周代的亲属称谓很不相同。如我们在本文中举到了"亚祖"称谓的例子。在周代的"亚祖"称谓中，"亚"固然是修饰基本亲称"祖"的。但是在商代则不然，由于受到日名文化的影响，"亚"既存在修饰"祖"的可能，也存在修饰日名的情况。这和我们曾经讨论过的"数字"与"亲称"的组合称谓方式是十分相似的。除此以外，日名文化对商人亲属称谓的另一个重大影响即是体现在殁称上。商人的基本亲称（如祖、妣、父、母等）不分生死，无法体现出生称与殁称之别。但这并不意味着商人没有殁称，那么商人的殁称又是如何来体现呢？秘密就在日名上。笔者以为，如果基本亲称后带有日名，一般情况下是表示故去之人。日名文化与亲属称谓的结合是非常有意义的，这不仅仅是体现在它

可以标识出殁称的情况，更重要的意义还在于日名在与亲属称谓结合以后便与祭祀发生了紧密联系，卜辞中大量存在占卜之天干与祭祀祖先之日名间具有相互映照的关系即是明证。这种称谓形式与祭祀方式与周人大相径庭。周人的亲属称谓受到日名文化的影响较小，因此也少见采取使用日名来区别生称与殁称，更多的是直接在基本亲称上分别出生称与殁称，最终形成自己的殁称体系，这就是《礼记·曲礼下》所记载的"生曰父，曰母；死曰考，曰妣"的称谓情况了。通过前文对西周金文中"妣""母""父""考"等称谓的考察，我们可以发现《礼记·曲礼下》记载的称谓情况是经过漫长过程逐渐形成的。

第七，周代亲属称谓与伯仲叔季。周人的亲属称谓也具备了一些自己的特点，其中亲属称谓与伯仲叔季（包括"孟"）的结合是商人亲属称谓文化中较为少见的。商人多以大、中、小来区别同辈亲属的长幼排行，但有时候这样的大、中、小很难在形式上分别出嫡庶。著名的"三句兵"上记载了两个"大父日癸"。如果仅从"大父日癸"的称谓上看，我们根本无法区分出谁是嫡的，谁是庶的。而周人在亲属称谓与伯仲叔季结合以后，不仅可以明确区分同辈亲属的长幼排行，而且可以很好地辨别出嫡庶。这就是《白虎通义·姓名》所记"適（嫡）长称伯，庶长称孟"的情况了。值得注意的是，在周代社会中，有些亲属称谓与伯仲叔季的组合还被用于王朝政治体系的建构。如《仪礼·觐礼》："同姓大国则曰伯父，其异姓则曰伯舅。同姓小邦则曰叔父，其异姓小邦则曰叔舅。"《尚书·康王之诰》："今予一二伯父尚胥暨顾。"孔安国传："天子称同姓诸侯曰伯父。"《国语·吴语》："昔吴伯父不失。"韦昭注："同姓元侯曰伯父。"此类材料不仅典籍文献较为多见，就是周代金文也可以反映出来，这一点我们在前文中已有举例，不再赘述。这些称谓在政治体系中是有实际意义的，它暗示出中央王朝与地方诸侯之间古老的亲缘关系，这种亲缘关系又意味着某些权利与义务的存在，是周人政治礼仪中经常使用，不可或缺的。

第八，商周社会的女性称谓问题。商周社会的女性称谓各有特点。在商代，女性亲属称谓前的区别字常常附随于其男性配偶。如本文所举商代卜辞所记高祖、毓祖的配偶分别可以称高妣、毓妣。这种情况在周代还较为少见。周代社会的女性称谓常常也是附随于其男性配偶的,但这一点却并不是体现在基本亲称前的区别字上,而是体现在女性基本亲称前的尊称或美称与其男性配偶相同,或是女性姓氏前一字与其男性配偶相同。如西周晚期的"颂鼎"(《集成》02829)记有"皇考龚叔皇母龚姒"。"母"称前有"皇"字与其配偶同,"姒"姓前有"龚"字与其配偶同。西周中期的"师趛鼎"(《集成》02713)记有"文考圣公文母圣姬"。"母"称前有"文"字与其配偶同,"姬"姓前有"圣"字与其配偶同。类似这样的例子铭文中不难见到,而典籍文献中也较为常见,[1] 兹不赘述。因此在女性称谓上,商周社会有同有异,其同者在于两个社会中的女性称谓都附随于其男性配偶之后,鲜明体现出父权社会的特征;其异者在于商周社会中女性称谓附随于男性的表现方式各不相同,这是我们应该注意的。

---

[1] 陈梦家先生曾有初步归纳。参陈梦家:《西周铜器断代》,第460页,北京,中华书局,2004年。

商代亲称区别字问题研究

商代亲属称谓前的区别字意义重大,它和亲称共同规定了成员的家族乃至社会角色。然而,对于区别字问题,此前学者已有很好的讨论,但仍存留诸多问题有待进一步研究。笔者此处仅就商代亲属称谓前部分区别字问题进行粗略探讨。

一 商代亲称前的数字问题

在商代亲属称谓的区别字中有一种常在亲称之前加上数字的格式非常醒目。对于此种"数字"与"亲称"的组合方式,学界多只是随文释义,尚未作系统的考察,其中也存在着不少争议。为此,笔者初步对殷墟卜辞中亲称之前的数字问题进行系统整理。笔者以为,商代亲称之前的数字大体可分成两种格式：一是"数字+亲称+日名"；一是"数字+亲称"。试析如下：

（一）"数字+亲称+日名"

1. 二祖丁、三祖丁、四祖丁：殷卜辞关于四祖丁的记录不少，如：

甲戌卜，贞：王宾祖辛奭妣甲叠［日］，亡［尤］。

庚辰卜，贞：王宾四祖丁奭妣庚叠日，［亡尤］。

庚子卜，贞：王宾小乙奭妣庚叠日，亡尤。黄组（《合集》36252）

此版卜辞中，四祖丁位于祖辛、小乙之间，其配偶为妣庚，则四祖丁显然是阳甲、盘庚、小辛、小乙兄弟四人的生父——商王祖丁。这一点，前辈学者已多有指出，不再赘述。[1]

丙午卜，贞：三祖丁罙［毓］祖丁酒，王受又。

何组（《合集》27181=《佚存》260）

此版卜辞，《合集》选自《佚存》260，但其拓本不清晰，很难看出有"毓祖丁"之"毓"。如：

---

[1] 陈梦家：《殷墟卜辞综述》，中华书局，1988年，第426页。

《合集》27181　　　　　　《佚存》260

在上述《合集》27181 的图片中,"毓祖丁"之"毓"字几乎完全消失。对比《佚存》260 则仍可见"毓"字所从之"母"的上半部分。《合集释文》《摹释》均释为"毓",当是可信的。商王日名为丁者,廪辛、康丁以前有报丁、大丁、中丁、祖丁、武丁,故三祖丁当是商王中丁,毓祖丁当是离时王最近的武丁。对此,陈梦家先生已有指出,但其释文脱漏"毓"字。[1] 卜辞大意是占卜为商王中丁、武丁举行酒祭,王会不会受到佑护。

丙戌卜,二祖丁岁一牢。

---

[1] 陈梦家:《殷墟卜辞综述》,中华书局,1988 年,第 423 页。

二牢。

三牢。兹用。　　　　　历无名(《屯南》2364)

此版卜辞当是一组选贞，占卜的焦点在于所用牺牲的多少上，二祖丁当是商王大丁。[1]

2. 二祖辛、三祖辛：殷卜辞关于二祖辛的记录作：

庚戌卜，其侑岁于二祖辛惠牡。

惠牛。　　　　　　　历无名(《合集》27340)

此版卜辞是一组选贞卜辞，占卜焦点在于所用的祭牲上，即是占卜用牡还是牛来岁祭二祖辛。卜辞所记商王日名为辛者自祖辛始，其次是小辛，末次是廪辛。二祖辛当是对小辛的称呼。陈梦家先生已有指出。[2]

辛亥卜，其侑岁于三祖辛。历无名(《合集》32658)

殷商王日名为辛者有祖辛、小辛、廪辛和帝辛，

---

[1]《甲骨文字诂林》按语以为，有可能是大丁，也有可能是兼指祖丁和武丁。于省吾主编：《甲骨文字诂林》，中华书局，1996年，第3537页。然类似"兼指"辞例在卜辞中并不存在，当不可信，亦可详见后文研究。

[2] 陈梦家：《殷墟卜辞综述》，中华书局，1988年，第433页。

《合集》32658

共四人,此三祖辛者,只能是指称商王廪辛。因此,《合集》32658当是文丁对其祖廪辛的称呼。这一点,郭老已有指出。[1] 这就涉及到历无名类卜辞的时代问题。关于本类卜辞的时代,黄天树先生据《屯南》2281中的父辛称谓指出,历无名间类卜辞的时代可以晚到武乙初年。[2] 而李学勤、彭裕商先生则认为本类卜辞的

---

[1] 郭沫若:《殷契粹编》,科学出版社,2002年,第458页。

[2] 黄天树:《殷墟王卜辞的分类与断代》,科学出版社,2007年,第246页。

时代下限可能延及康丁之初。[1]笔者以为，从此版卜辞中的三祖辛称谓上看，本类卜辞的时代下限当在文丁初年。

3. 三祖庚：关于三祖庚的卜辞作：

于三祖庚。　　　　　　　　　午组（《合集》22188）

《合集》22188

---

[1] 李学勤、彭裕商:《殷墟甲骨分期研究》，上海古籍出版社，1996年，第298页。

此版卜辞中的三祖庚，王国维先生以为是盘庚；[1]陈梦家先生以为祖庚前的"三"可能是记兆之数；[2]《甲骨文字诂林》（以下简称《诂林》）按语则认为，卜辞于"盘庚"前名"庚"者，依次为大庚、祖庚、南庚，三祖庚是包括此三位名"庚"之祖先，抑仅指"南庚"。卜辞所仅见，难以确定。[3]笔者以为，此版卜辞属午组，其时代大致在武丁中期，三祖庚当不是对商王盘庚的称呼，而是属于午组卜辞主人自己家族的祖先。《诂林》按语或以"三祖庚"之"三"为兼指，然卜辞中并无类似辞例，不可信；或以三祖庚为南庚，亦不可信。南庚之前并无一祖庚。武丁卜辞中的祖庚即南庚。[4]

4. 二妣己：关于二妣己的卜辞作：

丁丑卜，宾贞：子雍其御王于丁妻二妣己，盂羊三□羌十。　　　　　　　宾组（《合集》331）

卜辞大意是占卜子雍为攘除商王灾患而向丁的配

---

[1] 王国维：《观堂集林》，中华书局，1959年，第433页。

[2] 陈梦家：《殷墟卜辞综述》，中华书局，1988年，第432页。

[3] 于省吾主编：《甲骨文字诂林》，中华书局，1996年，第3548页。

[4] 关于此问题的具体考释亦可烦参拙文，黄国辉：《再论武丁卜辞中的"祖庚"问题》《古代文明》2012年第1期。

《合集》331

偶妣己举行御祭的情况。裘锡圭先生指出,此版卜辞中的丁不可能是武丁。因为这条卜辞的时代再晚也不可能晚于祖庚、祖甲。祖庚、祖甲称武丁之配是只能称母不能称妣的。因此,此版卜辞中的丁是指商王祖丁,其中的二妣己当是对于祖乙配偶高妣己而称的。[1]
另有一版卜辞记:

---

[1] 裘锡圭:《论"历组卜辞"的时代》《古文字研究》第6辑。

丙子卜,浡御于二妣己于妣丁、子丁。圆体类(《英藏》1891)

此版卜辞属圆体类子卜辞,其中的二妣己当不与王卜辞中的二妣己同。

(二)"数字+亲称"

1.二祖、三祖:关于二祖的卜辞作:

□延于二祖岁□。　　　午组(《合集》22087)

此版同样属于午组卜辞,二祖所指不明。此外,花东卜辞亦见二祖作:

惠一羊于二祖用,入自龘。一《花东》7

□卜:告子□曰□己岁□于□二祖。《花东》411

在花东卜辞的祖先称谓中,祖甲、祖乙是最为重要的两位男性祖辈先人,关于他们的卜辞相对较为常见,尚不知花东中的二祖是否与其相关。

关于三祖的卜辞作:

弜至□三祖□。

丙子贞:父丁彡。历组(《合集》32690)

□岁于小乙。二

弜又。二

二牢。二

三牢。二

弜至于三祖。历组(《合集》32617)

庚子卜,其侑岁于三祖。兹用。岁□。历无名(《合集》27179)

《合集》27179

台湾学者林宏明先生曾就历组卜辞中的三祖做过讨论，其研究认为，三祖之称是祖甲对阳甲、盘庚、小辛三位旁系祖父的集合称呼，这和武丁有时合称他们为三父（合930+合15127+合14019，林宏明缀）是一致的。[1]笔者暂从林先生的看法。[2]另陈梦家、屈万里、肖楠等诸位专家皆以"三祖"指武乙称祖己、祖庚、祖甲，值得重视。[3]

卜辞还见有"四祖"（合集22057），但其后残断，尚不知是否带有日名。

---

[1] 林宏明：《小屯南地甲骨研究》，政治大学中国文学系2002年度博士学位论文，323—326页。

[2] 关于历组卜辞的时代问题是目前甲骨学界争议的焦点，自董作宾先生以来，学界传统皆以历组属第四期武乙文丁卜辞。1977年，李学勤先生发表了《论"妇好"墓的年代及有关问题》一文指出历组卜辞当是武丁晚年到祖庚时代的卜辞。裘锡圭、林沄、黄天树、彭裕商等诸位先生先后撰文支持这一观点。笔者暂从此说。分别见李学勤：《论"妇好"墓的年代及有关问题》，《文物》1977年第11期；裘锡圭：《论"历组卜辞"的年代》《古文字研究》第6辑；林沄：《小屯南地发掘与殷墟甲骨断代》《古文字研究》第9辑；彭裕商：《也论历组卜辞的年代》《四川大学学报》，1983年第6期；黄天树：《殷墟王卜辞的分类与断代》，科学出版社，2007年，第168—206页。

[3] 肖楠：《再论武乙、文丁卜辞》《古文字研究》第9辑。亦收入萧楠：《甲骨学论文集》，中华书局，2010年。

2. 二妣、三妣、五妣、六妣：关于它们的卜辞作：

☐其惟二妣☐。　　　　宾组（《合集》4190反）

此版卜辞于二妣之后残，义不能明。

祐三妣。

貄三妣。　　　　　　妇女类（《合集》22285）

此版卜辞属妇女类，不能确定三妣所指。

戊申卜，祷生五妣于☐其☐。午组（《合集》22100）

此版卜辞属午组子卜辞，不能确定五妣所指。

☐侑六妣貄。不。

☐六妣即日。用。　　　𠂤组（《合集》19906）

《合集》19906

此版卜辞中的六妣可能与如下卜辞有联系：

癸巳[卜]，将兄丁，凡父乙。

癸巳卜，弜将六妣。　　　历组(《怀特》1564)

此版卜辞中有父乙、兄丁称谓，显然属武丁卜辞。其中的六妣当即是《合集》19906中的六妣，但不知其具体所指。

3.二父、三父、四父：关于二父的卜辞作：

于父己、父庚既祭，乃酒。

□罙二父酒。　　　无名组(《合集》27416)

此版卜辞第二条卜辞中的二父当是指第一条卜辞中的父己、父庚，即孝己与祖庚。

于二父己父庚吉。　　　无名组(《合集》27417)

此版卜辞省略了一个父字，实际当作："于二父：(父)己、父庚吉。"

罙二父己庚。　　　历无名(《怀特》1375)

此版卜辞己、庚之前的父字都省略了，完整的当作："罙二父：(父)己、(父)庚。"由于辞意明显，故即使省掉两个父字，仍然不会引起误解。

关于三父的卜辞作：

贞：御于三父三伐。

勿御于三父三伐。

宾组（《合集》930+15127正+14019正）

此版卜辞为林宏明先生所缀。他指出，对于武丁来说，其父为小乙，三父为阳甲、盘庚、小辛，[1]当可从。武丁卜辞中的三父应作如是观。

关于四父的卜辞作：

［辛］酉［卜］，王𠂤祝于四父。三月。

𠂤组（《合集》2331）

此版为武丁时候的卜辞，其四父当是阳甲、盘庚、小辛、小乙。

4. 二母、三母：关于二母的卜辞作：

癸亥贞：侑于二母：母戊阳甲、母庚。

历组（《合集》32753）

笔者以为，其中的二母分别为此版卜辞中的母戊和母庚。[2]另有下面一版无名类卜辞亦记有二母，但不能确定其所指。

---

[1] 林宏明：《小屯南地甲骨研究》，政治大学中国文学系2002年度博士学位论文，323—326页。
[2] 关于此版卜辞的具体考释亦可参黄国辉：《从亲属称谓看殷墟甲骨的分期问题》《文物》2012年第7期。

☐二母惠甲申酒。吉。　　无名组（《屯南》4388）

关于三母的卜辞作：

乙☐贞：☐三母☐。　　何组（《合集》27601）

☐午卜，☐贞：其侑豕于三母今其夕☐不羊。二月。出组（《合集》23462）

此二版卜辞中的三母可能是指商王武丁的三位配偶，即妣辛、妣癸、妣戊，待进一步证实。

此外，卜辞中还见有三兄（《合集》27636）、四兄（《合集》23526）、二子（《合集》3268、《合集》3269、《合补》296）、三子（《英藏》1762）、四子（《合集》23540、《合集》23541）、五子（《合集》22215）等称谓，或辞残，或辞略，皆不能明了其所指，兹不赘述。

通过上述对殷墟卜辞亲属称谓前数字问题的初步整理和分析，笔者以为，殷墟卜辞中亲称之前的数字是有规律可循的，大致总结如下：

1. 殷墟卜辞中亲称之前的数字可分两种形式，一种表基数，一种表序数。一般来说，判断其为基数或序数的关键在于日名。

2. 如果数字后有跟日名，即呈现"数字＋亲称＋日名"的格式时，则亲称之前的数字当为序数词，如三祖丁、四祖丁等,作为序数词的数字主要是修饰日名(即庙号);如果数字后无日名,即呈现"数字+亲称"的格式时,则亲称之前的数字当为基数词,如三祖、三父等,作为基数词的数字主要是修饰亲称,表集合称谓。需要指出的是,像《合集》27417中的"二父己父庚"与《怀特》1375中的"二父己庚"只是省略形式,其完整表述当分别是"二父:(父)己、父庚"与"二父:(父)己、(父)庚","二"仍应视为基数,修饰亲称"父"。这种省略的实质并没有脱离笔者上述所归纳的原则。在此,我们把前文所考殷墟卜辞中亲称之前的数字问题简要整理如下:

数字+亲称+日名	指称	材料来源	数字+亲称	指称	材料来源
二祖丁	大丁	屯南2364	二祖	午组卜辞两位先祖	合集22087
				花东卜辞两位先祖,可能是祖甲和祖乙	花东7、411
三祖丁	中丁	佚存260	三祖	阳甲、盘庚、小辛	合集27179
四祖丁	祖丁	合集36252	二妣	未明	合集4190
二祖辛	小辛	合集27340	三妣	未明	合集22285

数字+亲称+日名	指称	材料来源	数字+亲称	指称	材料来源
三祖庚	午组第三位日名为庚的祖先	合集 22188	六妣	未明	合集 19906
二妣己	祖乙之配	合集 331	二父	父己、父庚	合集 27416
	子卜辞先妣	英藏 1891			
			三父	阳甲、盘庚、小辛	合集 15127+930+14019
			四父	阳甲、盘庚、小辛、小乙	合集 2331
			二母	母戊、母庚	合集 32753
			三母	妣辛、妣癸、妣戊	合集 23462
结论	数字为序数，修饰日名，无兼指		结论	数字为基数，修饰亲称，表集合称谓	

值得注意的是，在"数字+亲称+日名"的格式中，其"数字"是没有兼指的情况，即没有指称数位日名相同祖先的现象。

3. 在亲称前的数字中，当数字表序数词时，只见用于尊二辈，即祖辈及其以上的亲属。在广义上，尊二辈以上的男性亲属均可称祖，尊二辈以上的女性亲属均可称妣，而这种辈分上的差异却无法体现在尊二辈以下，如父、母、兄、子等表示同辈的亲属称谓中。因此在卜辞中常见有"数字＋祖\妣＋日名"的格式，但没有"数字＋父\母\兄\子＋日名"的格式。这也就是说，在商人亲属称谓中，当使用数字表序数词时，其用法可能受到辈分的限制。此外，商人也没有用"数字＋亲称＋日名"的格式表示同辈亲属之间长幼关系的习惯，盖是由于表示同辈亲属长幼关系的用法会与表示日名相同的同性亲属在语义上发生重叠而产生误解。商人一般用大、中、小等其他区别字来表示同辈同性亲属之间的长幼关系（见后文）。

4. 在亲称前的数字中，当数字表基数词时，其可用于表示同一辈分中同性亲属的集合，如《合集》27417与《怀特》1375 中"二父"，《合集》930+15127+14019中的"三父"，以及历组卜辞中的三祖等。表基数词的数字可能也可以用于表示不同辈分同性亲属的集合，如上述卜辞所见二妣、三妣、五妣、六妣等，其中也可能包含了不同辈分的妣某。实际上，基数词数字的使用还较为广泛，如"乙丑卜，大贞：于五示告：丁、祖乙、祖丁、羌甲、祖辛"。（出组《合集》22911），以上的五示即包含了不同辈分的商王祖先。在商人的亲属称谓中，当数字表基数词时，其用法不受辈分的限制。

上述关于殷墟卜辞中亲称之前的数字原则的考察将有助于我们探讨商代亲属称谓中的诸多问题。如：

1999年9月，中国社会科学院考古研究所安阳工作队在殷墟的刘家庄北发掘了一座商末墓葬M1046，该墓出土了18件带有墨书文字的石璋，[1]石璋上面的文字记录了M1046号墓主的男性亲属世系。其中共三件石璋记有日名为"辛"的，分别为"祼于□辛"（编号167）、"祼于亚辛"（编号116）、"祼于三辛"（编号104、117）。整理者指出，"亚"意为第二，"三"意为第三，其后皆省"祖"字。

笔者以为，上述专家们所论甚确。而这一点，我们还可以从前文所揭示的殷卜辞亲称前的数字原则来进一步确认。"三辛"称谓当是"数字（三）+亲称+日名（辛）"这种称谓格式的省称。卜辞中省去亲称的现象不难见到，如《怀特》1375中的"二父己庚"，实际上就是省去了己和庚之前的父字。"三辛"称谓中包

---

[1] 中国社会科学院考古研究所安阳工作队：《安阳殷墟刘家庄北M1046号墓》，《考古学集刊》第15集，文物出版社，2004年。关于这批石璋，李学勤认为当是祼玉。见李学勤：《祼玉与商末亲族制度》《史学月刊》2004年第9期。

含了日名（辛），则其前的"三"当为序数词，如是，专家认为"三"意为第三，这是正确的。在商人亲属称谓中，当数字表序数词时，常用于尊二辈，即祖辈以上的亲属。根据这样的原则，"三辛"称谓中被省去的亲称只能是"祖"或"妣"。又从M1046出土的18件石璋上看，墓主人所祭祀的对象皆为男性亲属。如是，专家认为"三辛"之后省去了"祖"字，这也是可信的。

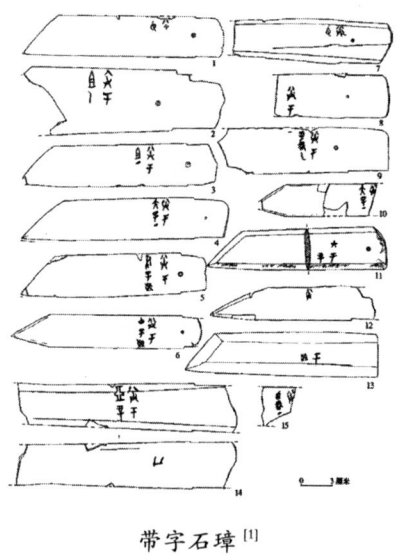

带字石璋[1]

---

[1] 中国社会科学院考古研究所安阳工作队：《安阳殷墟刘家庄北M1046号墓》《考古学集刊》第15集，文物出版社，2004年。

可见，新出土材料所反映的情况与笔者上述所讨论的殷卜辞亲称中的数字原则之间可谓是丝丝入扣。通过新出土材料与商代亲称中数字原则之间的互动研究，使得我们在揭示新出土材料内涵的同时也验证了商代亲称中数字原则的合理性。

综上，笔者以为，商人的亲称中的数字问题与其日名文化之间存在密切联系，这不仅体现在日名的使用与否决定了亲称之前数字的性质，更主要还是体现在商人亲属称谓中"数字＋亲称＋日名"的格式只用于表示日名相同的尊二辈及其以上的同性亲属。这主要是因为日名只有十个，用日名来标示祖先，必然会产生许多重复。为了避免误解，标明其祖先身份，商人逐渐养成使用"数字＋亲称＋日名"的格式来表示日名相同的尊二辈及其以上同性亲属的习惯。此外，商人亲属称谓中的数字原则可能还与辈分有关。日名文化对商人社会影响至深至广，这从我们上述对数字亲称的研究中亦可窥一斑。

二 商代亲称前的大、中、小问题

在上文的研究中，笔者曾指出商人没有用"数字亲称+日名"的格式表示同辈亲属之间长幼关系的习惯，商人一般用大、中、小等其他区别字来表示同辈同性亲属之间的长幼关系，这涉及商人亲称前大、中、小区别字问题，甚为重要。

1. 商代亲称前大、中、小区别字的使用

商人亲称前的区别字使用问题是非常复杂的，我们以大、中、小为例考察如下：

三句兵[1]是研究商代亲属制度的重要资料，其文记：

（一）大祖日己　祖日丁　祖日乙　祖日庚　祖日

---

[1] 三句兵出土于河北易县，原为罗振玉所藏，现藏于辽宁省博物馆。王国维、郭沫若、陈梦家、马承源等先生以为属真器（器铭同真）。李学勤最初认为三句兵是伪器，但随后又改变看法，赞同真器说。参见王国维：《商三句兵跋》《观堂集林》，中华书局，1959年；郭沫若：《中国古代社会研究》人民出版社，1954年；陈梦家：《殷墟卜辞综述》，中华书局，1988年；马承源：《关于商周贵族使用日干称谓问题的探讨》《王国维学术研究论集（二）》，华东师范大学出版社，1987年；李学勤：《论殷代亲族制度》，《文史哲》1957年第11期；《鸟纹三戈的再研究》《比较考古学随笔》，广西师范大学出版社，1997年。董作宾先生认为三句兵是伪器。参见董作宾：《汤盘与商三戈》《董作宾先生全集》，台北艺文印书馆，1978年。或谓三句兵器真铭伪，参见井中伟：《由曲内戈形制辨祖父兄三戈的真伪》《考古》2008年第5期。本文赞成器铭同真的看法。

丁　祖日己

（二）祖日乙　大父日癸　大父日癸　仲父日癸　父日癸　父日辛　父日己

（三）大兄日乙　兄日戊　兄日壬　兄日癸　兄日丙

大祖日己戈

祖日乙戈

传统与变革之间：商周亲属称谓的演进

大兄日乙戈

王国维先生认为："所云大祖、大父、大兄，皆谓祖、父、兄行之最长者。"[1]李学勤先生亦指出"大祖"只是一代中居长者，并非远祖、始祖之义，所以戈铭最好理解为三代，而不是更多[2]。笔者以为专家的看法是可信的。三句兵的材料很值得重视：

其一，在父辈中有两个大父。李学勤先生以为大父乃父辈中居长者，而长者实可有二。以《春秋》经传所载鲁国谱系情况为例，鲁桓公之子有庄公、仲庆父、叔牙和季友，庆父后裔称为孟氏。《左传》文公十五年杜预注"孟氏"云："孟氏，公孙敖家。庆父为长庶，故或称孟氏。"疏："公孙敖，庆父之子。杜以

---

[1] 王国维：《商三句兵跋》《观堂集林》，中华书局，1959年，883页。
[2] 李学勤：《鸟纹三戈的再研究》《辽海文物学刊》1989年第1期。

庆父与庄公异母,庶长称孟,虽强同于适,自称为仲,以其实是庶长,故时人或称孟氏。"另外隐公元年疏也说:"孟、伯俱长也。"因此,戈铭两"大父"的并立很可能即一嫡出,一庶出,只是在称谓上没有细加区别而已。[1]笔者以为,就目前研究而言,李先生的看法还是最为合理的,可从。笔者以为,值商代社会,当已有嫡庶之分,宗法雏形已备。大、中、小的排行亦受嫡庶之分的影响,如大父可分嫡庶。时至周代宗法社会,类似这种嫡庶之长皆可冠以"大"字的情况更是不难见到。如西周末期,春秋早期的"鲁伯大父作孟□姜簠"记:"鲁伯大父作孟□姜媵簠,其万年眉寿,永宝用享。"(《集成》7.3988);属同人作器的还有:"鲁伯大父作仲姬俞簠"记:"鲁伯大父作仲姬俞媵簠,其万年眉寿,永宝用享。"(《集成》7.3989)。这是嫡出的"伯"与"大"的结合。春秋时器"大师子大孟姜匜"记:"大师子大孟姜作盘匜,用享用孝,用祈眉寿,子子孙孙用为元宝。"(《集成》16.10274),孟姜称孟,即已说明她是大师庶女中最长的女儿,而于

---

[1] 李学勤:《鸟纹三戈的再研究》《辽海文物学刊》1989年第1期。

此中又冠以"大"字。类似情况亦可见"蔡侯尊"(《集成》11.5939)等。不仅如此，就是仲行亲属也可能分嫡庶，如属西周中期器的"盠驹尊"记："余用作朕皇考大中宝障彝。"(《集成》11.6011)等。金文中不仅有大中，还见有小中之称。如属西周中期时器的"卫鼎"记："卫作文考小中、姜氏盂鼎，卫其万年，子子孙孙永宝用。"(《集成》5.2616)等。可见在嫡庶之中，大、中、小也可能各有排行。

其二，在兄行亲属中，六"兄"的日名均不相同，而于"兄日乙"上冠以"大"字，说明，大、中、小之称并非是用于区分只具有相同日名的同辈同性亲属的排行，而是对所有同辈同性亲属的排行（其中可能有嫡庶之分）的区分，即它们是用于区分亲属，而非日名的。"父日戈"中的两个"大父"当是父辈中年长的亲属，只不过一嫡一庶而已，他们也不是为了与仲父日癸及父日癸（即相同日名的亲属）作区别而冠以"大"字，而是为了区别所有同辈排行的大小。同样，"祖日戈"中的六祖亦当是同辈亲属，"大祖"是其中排行最靠前的祖辈亲属。明确了这一点，我们就可以知道三句兵所反映的只是三代的亲属关系。或以为是四辈的亲属关系，[1]不确。

其三，作为同辈排行的大、中、小区别字当源于生前。从三句兵中的大祖日己、大父日癸、大兄日乙的称谓上看，商人亲属称谓里作为排行的大、中、小区别字当是对同辈同性亲属的排行的区分。此种作为排行的大、中、小的区别字应当是在那些祖先活着时就已经确定了的。如：

□贞：中子肱疾，呼田于凡。

子组（《合集》21565）

癸亥卜：中子又往来惟若。

子组（《合集》21566）

这两条卜辞里的中子都是活着的人，"中"即是其在子辈里的排行。作为排行的"中"也可以带到死后的。在前文所举的殷墟刘家庄商末墓葬M1046所出土的18件墨书石璋里，其中两件上记有："祼于长子癸"（编号118）；"祼于中子癸"（编号115）。可见，作为排行的大、中、小的区别字应当是由生前带入死后的。我们还可以参照周代的亲属称谓中的排行来考察。周代亲

---

[1] 马承源：《关于商周贵族使用日干称谓问题的探讨》《王国维学术研究论集（二）》，华东师范大学出版社，1987年。

属称谓中的排行多以伯、孟、仲、叔、季等称之,但也不排斥大、中、小,二者常密切结合。《礼记·檀弓上》认为周人"五十以伯仲",不确,学者已多辨其非。[1]如春秋时器"蔡侯尊"记:"蔡侯申作大孟姬䑵尊。"(《集成》11.5939),此䑵器铭文中的"大孟姬"当是活生生的在世之人,其中的"大""孟"等排行均是其身前就有的,非死后再造的。笔者以为,商王亲称前的大、中、小亦当作如是观。从三句兵来看,商人使用大、中、小作为区分同辈同性亲属长幼关系的现象是可以确定的,而此种排行应当是身前就已存在,没必要到死后再加以创制。

除了作为同辈排行的大、中、小以外,还有一些可能用于生前的情况也是值得关注的。如:

己亥卜,巡:御小己,若。子组(《合集》21586)

此条卜辞中的小己,学者多疑为小王孝己。[2]同组卜辞又见小王之称作:

己丑子卜贞:小王⌘田夫。

---

[1] 杨宽:《"冠礼"新探》《试论西周春秋间的宗法和贵族组织》,见其《古史新探》,中华书局,1965年;陈絜:《商周姓氏制度研究》,商务印书馆,2007年,第376页。

[2] 黄天树:《子卜辞研究》《黄天树古文字论集》,98页,学苑出版社,2006年。

三子组(《合集》21546)

此版卜辞中的小王当是活着的人。如果学者们对"小己"身份的怀疑是正确的话,那么"小己"之"小"当不是作为兄弟排行的大、中、小之"小",而是来源于孝己生前就已被称为"小王"的"小"了。这两种情况中的"小"虽然都源自生前,但我们仍然有必要详细区分它们之间这种差异。

通过前文对三句兵的研究,我们已经知道商人亲属称谓里作为排行的大、中、小区别字常用于对同辈同性亲属之排行的区分,那么除了作为排行的大、中、小以外,是否存在可以用于区分日名相同的大、中、小呢?这是个值得再探讨的问题。

罗振玉先生认为,商家以日为名,殆即取十干或十二支一字为之,不复加他字,金文中每有日甲乙等皆是也。而帝王之名称大甲、小甲,大乙、小乙,大丁、中丁者,殆后来加之以示别。[1] 陈梦家先生更是以为先王称大的都是直系,即大乙至大戊五世。大戊以后,再无称大的。小是对大而言的,但称小的以前可以无

---

[1] 罗振玉:《增订殷墟书契考释》上卷,《甲骨文献集成》第7册,四川大学出版社,2001年,第87页。

称大的；大小之间可以称中。其例如：

大甲——小甲

大丁——中丁——小丁（祖丁）

大乙——中宗祖乙——小乙

祖辛——小辛[1]

蔡哲茂先生从陈梦家之说。[2] 如若按罗振玉、陈梦家先生的看法，那么商王亲称前的大、中、小当是在商王死后，后世为区别日名相同的同性亲属时产生的。但实际上陈梦家先生所举的证据多有可商处。如关于"中宗祖乙"，《尚书·无逸》记："昔在殷王中宗，严恭寅畏，天命自度，治民祗惧，不敢荒宁。肆中宗之享国，七十有五年。"《伪孔传》《史记·殷本纪》及郑玄《诗·烈祖》笺皆以中宗为太戊。王国维《殷卜辞中所见先公先王续考》云："戬寿堂所藏殷契文字中，有断片，存字六，曰：'中宗祖乙牛，吉。'称祖乙为中宗，全与古来尚书学家之说违异，惟《太平御览》八十三

---

[1] 陈梦家：《殷墟卜辞综述》，中华书局，1988年，第441页。

[2] 蔡哲茂：《论〈尚书·无逸〉"其在祖甲，不义惟王"》，台湾师范大学国文学系、中研院历史语言研究所：《甲骨文发现一百周年学术研讨会论文集》，台湾师范大学国文学系、中研院历史语言研究所出版，1998年，第85页。

引《竹书纪年》曰:'祖乙滕即位,是为中宗,居庇。'今由此断片知《纪年》是而古今尚书学家非也。"此外,《史记·殷本记》:"帝祖乙立,殷复兴。"《晏子春秋·内篇谏上》:"汤、太甲、武丁、祖乙,天下之盛君也。"祖乙之称"中宗",盖是由于其使商王朝得以中兴之意,非如陈梦家所举乃是介于大乙和小乙之间而称"中宗祖乙"。再如关于小乙,卜辞又称小祖乙作:

癸巳卜,即贞:翌乙未其侑于小祖乙。出二类(《合集》23171)

甲戌[贞]:小祖乙、祖丁二牛。历一类(《合集》32599)

在第二条卜辞中,小祖乙、祖丁并称,由于历一类卜辞没有晚到廪辛康丁时代,因此其中的祖丁只能理解为商王祖丁,此版卜辞当属逆祀,小祖乙是商王小乙。值得注意的是,小乙之所以称"小祖乙",不一定就是与商王大乙或祖乙相对而言的,其"小"的区别字很可能是作为阳甲、盘庚、小辛之弟而称"小"的。与之相似的还有小辛之"小"。因此,在卜辞中,还没有明确的证据说明大、中、小可用于区别日名相同的同性亲属。

尽管如此，我们仍然不能排除大、中、小可用于区别同日名亲属的可能性的存在。从孝己又称"小己"上看，区别字的使用情况还是较为复杂的。据《史记·夏本纪》所载，日名的使用早在夏代就已经产生，夏王世系中有"大康""仲康"和"少康"。康字从庚，两者常有混同，如卜辞商王康丁，《史记·殷本纪》则记为"庚丁"。少即小也。我们怀疑，"大康""仲康""少康"可能本当作"大庚""仲庚""小庚"。据《夏本纪》"仲庚"是"大庚"的弟弟，"小庚"则是"中庚"的孙子。对于这里的大、中、小，我们还不能直接认定它们就是用于区别同日名的亲属，还要做具体的分析才行。笔者以为，这里的大、中、小所包含的情况可能较为复杂：由于"大康""仲康"是兄弟关系，所以其中的大、中可能和三句兵里的大、中、小一样是用于区别同辈亲属的长幼关系。"仲庚"是"大庚"的弟弟，所以称"仲"，"大"和"仲"可能都是由生前带入的。至于"小庚"之"小"则存在两种可能：一是源于生前的兄弟排行；一是相对之前的"大庚""仲庚"而称的"小庚"。如果是前者，那么其区别字"小"的性质和三句兵里的大、中、小一样是用于区别同辈亲属排行的，是由生前带入的。

如果是后者，则其区别字"小"的性质和三句兵里大、中、小的性质是不一样的，它不再是用于区别同辈亲属排行的，而是用于区别同日名的亲属。它也不再是由生前带入，而是后世为区别同日名的亲属加以创制的。由于关于夏代的资料较少，且传之久远，我们还难以确定结论，但这些可能确实存在。正因如此，我们还不能完全排除大、中、小可用于区别日名相同的同性亲属的可能性。

从以上的分析中，我们大致可以看出，商代亲称区别字的使用是较为复杂的。但无论如何，在上述所讨论的诸多情况中，有一种情况当是可以肯定的，那就是商人确实常用大、中、小来区别同辈同性亲属的长幼关系。明确商代大、中、小区别字的使用情况对我们考察卜辞中的许多问题是很有帮助的。如卜辞常见有"中己"称谓（可见《类纂》第1432—1433页），学界对其多有争议。《甲骨文字诂林》"中己"条下按语指出，卜辞有雍己、祖己，此中己当另有所指；[1]此虽不明中己所指，然以之不为雍己、祖己。蔡哲茂先

---

[1] 于省吾主编：《甲骨文字诂林》，中华书局，1996年，第3553页。

生则认为，卜辞中的小己当是小王孝己，中己当是商王雍己。[1] 笔者以为，卜辞关于中己的记录不难见，其中有这样一版很值得关注：

父己、中己、父庚惠☐。无名类（《屯南》957）

在一条祭祀卜辞中，如果被祭祀的祖先是合祭，他们之间通常都是有次序的，或是上下的世代关系，或是同辈的长幼关系，两者亦可兼有，但一般都是有序的而不是混乱的。如：

己丑卜，大贞：于五示告：丁、祖乙、祖丁、羌甲、祖辛。

出一类（《合集》22911）

父己眔父庚酒。吉。无名类（《合集》27419）

在《合集》27419及《屯南》957中，父己即孝己，为兄；父庚是祖庚，为弟。而在《屯南》957里中己介于父己、父庚之间，称"中"（仲），其当为孝己之弟，祖庚之兄。"中"当来源于生前，用来区别同辈同性亲属的长幼关系。"中己"的具体亲属身份当作如是观。

---

[1] 蔡哲茂：《论〈尚书·无逸〉"其在祖甲，不义惟王"》，台湾师范大学国文学系、中研院历史语言研究所：《甲骨文发现一百周年学术研讨会论文集》，台湾师范大学国文学系、中研院历史语言研究所出版，1998年，第85页。

2. 商代亲称区别字中"大"与"大示"之关系问题

最后，我们还要考虑的是商代亲称区别字中的"大"与"大示"之间的关系问题。由于"大示"问题本身较为复杂，且"示"不为亲称，所以笔者在此仅能作简要阐述。

关于卜辞中"大示"，学界研究较多，存在诸多看法。传统以为是以上甲为首的直系先王，[1] 少数存在异议，如金祖同认为大示是上甲至示癸六位先祖，[2] 曹锦炎先生亦持同样看法。[3] 朱凤瀚、晁福林两位先生则认为大示所代表的六示应该是上甲、大乙、大丁、大甲、大戊、大庚等六位先王。[4] 近年，又有常玉芝先生、胡辉平女士撰文讨论。常玉芝先生举《屯南》1015 中的七大示以为，大示不止六位，也不是自上甲始的所

---

[1] 陈梦家：《殷墟卜辞综述》，中华书局，1988 年，第 460—468 页；杨升南：《从殷墟卜辞中的"示"、"宗"说到商代的宗法制度》，《中国史研究》1985 年第 3 期；曹定云：《论殷墟卜辞中的"上示"和"下示"》《中国考古学论丛》，科学出版社，1993 年；方述鑫：《论殷墟卜辞中的示》《夏商文明研究》，中州古籍出版社，1995 年等。

[2] 金祖同：《殷契遗珠》第 631 片考释。

[3] 曹锦炎：《论卜辞中的示》，1982 年先秦史学会成立大会论文。

[4] 朱凤瀚：《论殷墟卜辞中的"大示"及其相关问题》《古文字研究》第 16 辑；晁福林：《关于殷墟卜辞中的"示"和"宗"的探讨》《社会科学战线》1989 年第 9 期。

有直系先公先王，而是指自大乙始的所有直系先王的集合庙主。上甲不属于大示范围。[1] 胡辉平女士同样也举了《屯南》1015中的七大示，她认为大示当不止六位，应是上甲、大乙、大丁、大甲、大戊、大庚和中丁等七位神主的集合称谓。"大示"是以区别字为"大"的神主为主体的集合庙主。[2]

笔者以为，目前看来，胡辉平女士在朱凤瀚、晁福林两位先生研究的基础上，据《屯南》1015中的"七大示"把大示的范围进一步扩大到中丁的看法是较为合理的。笔者进一步补论如下：在殷墟甲骨中，有这样一批时代近同的卜辞值得重视：

庚寅贞：酒升伐自上甲六示三羌三牛，六示二羌二牛，小示一羌一牛。

历组二类（《合集》32099）

☐大示三宰，六示二宰，小示［一］宰。宾组三类（《合集》14898）

乙亥贞：卯于大其十牢，下示五牢，小示三牢。

---

[1] 常玉芝：《卜辞"大示"所指再议》《甲骨文与殷商史》新一辑，线装书局，2008年。

[2] 胡辉平：《殷卜辞中"大示"问题再研究》《考古》2010年第3期。

庚子贞：伐卯于大示五牢，下示三牢。

癸卯贞：惠觫先于大甲、父丁。历组二类（《屯南》1115）

☐大[示]十牢，求示五牢，它示三牢。八月。宾组三类（《合集》14353）

《屯南》1115[1]

---

[1] 中国社会科学院考古研究所编：《小屯南地甲骨》，中华书局，1980年，第250页。

《屯南》1115第（1）辞中的大当是"大示"之省，黄天树先生已有指出。[1]历组二类与宾组三类主要都属祖庚时代卜辞,[2]以上四版卜辞的时代当近同。比较《合集》32099与《合集》14898可知，两者在"示"的划分和用牲的数字上都近同，《合集》14898中的大示应与《合集》32099中的上甲六示相当。比较《合集》14898与《屯南》1115可知，两者在"示"划分上近同，《屯南》1115中的下示应与《合集》14898中的六示相当。再比较《屯南》1115与《合集》14353可知，两者均把"示"分为三阶段，起点均是大示，用牲数亦相同，《合集》14353中的求示、它示应分别与《屯南》1115中的下示、小示相当。[3]求示、下示当即是《合集》14898中的六示。

关于小示，学界的看法较为一致，都认为是旁系

---

[1] 黄天树：《关于甲骨文商王名号省称的考察》《黄天树古文字论集》，学苑出版社，2006年，第381页。

[2] 黄天树：《殷墟王卜辞的分类与断代》，科学出版社，2007年。

[3] 求示相当于下示，方述鑫先生曾有指出。方述鑫：《论殷墟卜辞中的示》，《夏商文明研究》，中州古籍出版社，1995年。但其范围所指与笔者不一；它示相当于小示，张政烺先生曾有指出。张政烺：《释它示——论卜辞中没有蚕神》《古文字研究》第1辑。

先王，当可信。[1] 以此为基点，《合集》32099中的六示与上甲六示当均属直系先王。如是，我们可以由下往上推，六示当是武丁、小乙、祖丁、羌甲、祖辛、祖乙。在祖庚、祖甲时代，羌甲属直系先王。如：

乙丑卜，大贞：于五示告：丁、祖乙、祖丁、羌甲、祖辛。　　　　　　　　　　　　出组（《合集》22911）

□丑贞：王令㫃□取祖乙鱼，伐告父丁、小乙、祖丁、羌甲、祖辛。　　　　　历二类（《屯南》2342）

此为直系五示先王，亦可推知《合集》32099中的六示当较此多一"祖乙"（祖辛之父）。而上甲六示则当是中丁、大庚、大戊、大甲、大丁、大乙、上甲。上甲六示即是上甲与六示的合称，实为七示。关于上甲与六示的关系问题，曾有卜辞记：

庚申贞：有咎自上甲，𠬝[2]六示□小示羊。历组二类（《屯南》3594）

---

[1] 关于小示的范围，朱凤瀚先生曾有过很好的论述。朱凤瀚：《论殷墟卜辞中的"大示"及其相关问题》《古文字研究》第16辑。

[2] 此字陈剑先生隶作"㲃"，释读为"皆"，暂从之。陈剑：《甲骨文旧释"䯄"和"蠿"的两个字及金文"䰙"字新释》，见复旦大学出土文献与古文字研究中心编：《出土文献与古文字研究》第1辑，复旦大学出版社，2006年。

可见，上甲与六示当分开，六示之内不应有上甲，亦可知传统以上甲六示指称上甲至示癸六位先公的看法是值得商榷的。而以大乙至中丁为六示是有根据的。如：

己亥卜，又自大乙至中丁六示牛。宾组三类（《合集》14872）

此外，关于上甲与大示的关系问题，传统皆以大示自上甲始，而常玉芝先生则以为，上甲不属大示。如：

贞：其侑升伐自上甲□羌，大示十宰☑五宰。宾组（《怀特》31）

对上甲与大示的分合关系问题，朱凤瀚、晁福林先生都曾有过很好的讨论，皆以"自上甲大示"是将上甲包括在大示内。上甲与大示分述，则表明大示亦可以不包括上甲。单言大示，可能是指上甲以后的大乙、大丁、大庚、大甲、大戊。[1] 笔者以为，两位先生对大示范围的界定可能有待商榷，但均以上甲为大示之首的看法是合理可信的。上甲之前属传说时代，

---

[1] 朱凤瀚：《论殷墟卜辞中的"大示"及其相关问题》《古文字研究》第16辑；晁福林：《关于殷墟卜辞中的"示"和"宗"的探讨》，《社会科学战线》1989年第9期。

商人祖先祭祀多"自上甲",有时将其与大示分述,可能是为了突出其特殊地位。《国语·鲁语》记:"上甲微能师契者也,商人报焉。"无论是文献还是卜辞均可见商人对上甲的重视,不能将其排除在大示之外。卜辞"上甲六大示"(《屯南》1138)即是上甲与六大示的合称;"上甲大示"(《合集》32090)即是以上甲为首的大示统称。

总之,笔者以为,大示的范围包括上甲、大乙、大丁、大庚、大甲、大戊、中丁等七位祖先。祖庚祖甲时期,下示相当于求示,指祖乙、祖辛、羌甲、祖丁、小乙、武丁等六位祖先。小示相当与它示,指旁系先王。朱凤瀚、晁福林先生与胡辉平女士虽对"大示"范围的界定不一,然均认为"大示"是始自上甲,以区别字为"大"的神主为主体的集合庙主,这应该是较为合理的。

三 商代亲称中的"高"与"毓"

在商代亲属称谓的区别字中,"高"与"毓"字也是非常引人注目的,其一旦与亲称结合,意义就变得

"扑朔迷离"。

1. 商周时期的"高祖"称谓考论

对于商代亲属称谓区别字中的"高"字问题，笔者且以"高祖"一词在商周时期的变化为例来考察。关于"高祖"一词，学界历来争论较大。《尔雅·释亲》记:"父为考，母为妣；父之考为王父，父之妣为王母；王父之考为曾祖王父，王父之妣为曾祖王母；曾祖王父之考为高祖王父，曾祖王父之妣为高祖王母。"这是以五世祖为高祖。此说影响甚巨。至清儒顾炎武始有疑议，其谓汉儒以曾祖之父为高祖，考之于传，高祖者，远祖之名尔。[1]李学勤、裘锡圭等先生皆用此远祖说。[2]曹玮先生则认为高祖是始祖的称谓，但直系的若干代先祖也可以称高祖。[3]对此，吴镇烽先生认为曹先生的说法自相矛盾。吴先生以为商周时期的高祖只是一种尊称，不是哪一代先祖的专称。高祖、曾祖、王父、

---

[1] 顾炎武:《日知录集释》，岳麓书社，1994年，第836页。
[2] 分别见：李学勤:《论殷代亲族制度》《文史哲》1957年第11期；裘锡圭:《论殷墟卜辞"多毓"之"毓"》《中国商文化国际学术讨论会论文集》，中国大百科全书出版社，1998年。
[3] 曹玮:《高祖考》《文物》2003年第9期。

考、己身这样的五世系列是在秦汉时才形成的。[1]

笔者以为，表面上看学界对高祖称谓存在较大争论，而实际上，他们之间不是绝对的对立，都有相对合理的一面，但还不完善，这还要从高祖一词在商周社会所发生的历史流变说起。

首先，我们来看卜辞中高祖的情况。卜辞所见高祖有与毓祖对贞，作：

于高祖求。有匄。

于毓祖求。有匄。　　　　历组（《合集》32315）

另有高与毓对贞的情况，如：

其高☐。

在毓。　　　　无名组（《合集》27369）

裘锡圭先生指出殷人是把世次早于"毓"的先祖们称为"高"的。而与"高"相对的"毓"是指一定亲属范围内的词，裘先生推测"毓"的上限可能是在曾祖辈，故"高"的先祖下限是曾祖之父，亦即周代以下所谓的"高祖"。[2] 笔者以为裘先生对卜辞中高祖的

---

[1] 吴镇烽：《高祖、亚祖、王父考》《考古》2006年第12期。

[2] 裘锡圭：《论殷墟卜辞"多毓"之"毓"》《中国商文化国际学术讨论会论文集》，中国大百科全书出版社，1998年。

传统与变革之间：商周亲属称谓的演进

看法是合理的（笔者后文会进一步加以论证）。可见最初的高祖当是就五世祖及其以上祖先的称呼，"高祖"之"高"当与"毓"相对，其意为远也。因此，"高祖"可上溯到曾祖之父的情况绝非是"到了秦汉时期才形成的。"

然高祖称谓的含义并非一成不变，它是在历史实践中不断变化的。"高祖"称谓的一个重要变化在于其所指先祖的下限发生了变化。正如裘锡圭先生所指出的，卜辞时代的"高祖"称谓，其先祖下限是在曾祖之父，但到了周代社会，其下限则可以延及曾祖，甚至是祖父。如西周后期时器"逨盘"记其世系为："皇高祖单公——先高祖公叔——皇高祖新室仲——皇高祖惠仲盠父——皇高祖零伯——皇亚祖懿仲——朕皇考龏叔——逨（作器者）。"[1] 同属西周后期而时代稍早于"逨盘"的癲钟（戊组）记自癲己身而上的四世亲属为："高祖辛公——文祖乙公——皇考丁公——癲（作器者）。"癲是"史墙盘"中"墙"的后代，"史墙盘"的祖先世系为："高祖——剌祖——乙祖——亚祖祖辛——文考辛公——墙（作器者）。"戊组癲钟所记"高

---

[1] 陕西省考古研究所、宝鸡市考古工作队、眉县文化馆：《陕西眉县杨家村西周青铜器窖藏》《考古与文物》2003年第3期。

祖辛公"即是"史墙盘"中的"亚祖祖辛"。这一点前辈学者早有指出。[1] 这是周代社会,"高祖"称谓下限延及曾祖的情况。再如《康王之诰》记:"惟周文、武,诞受羑诺……今王敬之哉！张皇六师,无坏我高祖寡命。"此中高祖是指称前文的文王、武王,即以曾祖父和祖父为高祖。西周晚期的"楚公逆钟"铭文记:"唯八月甲午,楚公逆祀厥先高祖考。"[2] 这里的"先高祖考"指"先高祖"和"先考",应当包括楚公的祖父在内。这是"高祖"称谓下限延及祖父的情况。

需要注意的是,商周时期的"高"也有用于亲属称谓前,表示一种尊称。高,《说文》:"崇也。"如属商末周初时器的"陆妇簋"(《集成6.3621》)记:"陆妇作高姑尊彝。"此中"高姑"当是陆妇丈夫的母亲,亦即陆妇的婆婆,其称"高"者,当不能以高远之义视之,而当是尊崇之称。再如属西周早期商人器的"顶方彝"

---

[1] 洪家义:《墙盘铭文考释》《南京大学学报》(哲学社科版),1978年第1期;李学勤:《西周中期青铜器的重要标尺》《中国历史博物馆馆刊》1979年第1期;伍仕谦:《微氏家族铜器群年代初探》《古文字研究》第5辑。

[2] 北京大学考古系、山西省考古研究所:《1992年春天马—曲村遗址北赵晋侯墓地第三次发掘》《文物》1994年第8期。

(《集成16.9892》）记："顨啟卿宁百姓，扬，用作高文考父癸宝尊彝，用申文考烈，余其万年将（？），孙子宝。爻。"其中的"高"用于"文考父癸"前，亦不能释为高远之义，只能是作尊崇解。因此，后世在近亲祖先上加"高"，当是为了更好地表达对他们的尊崇。从材料上看，亲属称谓前的"高"带有尊称意义的产生还较早，不晚于商末。

总之，"高祖"称谓中的"高"表示"高远"之义。商代社会中的"高祖"可能是指五世祖及其以上的男性祖先，但在周代社会中，"高祖"称谓所指先祖的下限已经发生了变化，可以延及祖父，这种变化情况并没有改变"高祖"之"高"的"高远"意味。

2. 殷卜辞中"毓"的范围补论

关于卜辞中"多毓"之"毓"，裘锡圭先生曾有过很好的研究，其研究指出，"多毓"之"毓"，本是与"高"相对，是指称一定范围内的亲属的一个词，其下限应是到距时王最近的先王，包括时王的父兄等。然关于"毓"的上限是否包括曾祖的问题，裘先生认为从"多毓"一词上看，称"毓"的数量不能太少。如果把曾祖包括在"毓"的范围内,称"高"的下限就是曾祖之父,亦即周代以下所谓的"高祖",这样殷周两代的亲属称谓就接轨了。基于这样的考虑,裘先生以为,"毓"的上限可以延及曾祖。显然,裘先生对于"毓"之上限的讨论仍然只是处于推测阶段,况且殷周两代的高祖称谓内涵还不一定完全密合(详见前文考论)。亦正是如此,裘先生在文章中又指出曾祖是否包括在"毓"内还有待进一步研究。因此,如能证实"毓"的上限问题不仅将有助于我们了解"毓"的亲属范围,亦会有助于我们考察卜辞中"高祖"的下限所在,非常重要。笔者以为,裘先生对"毓"上限的推测是合理的。试析如下:

《合集》27358

□毓祖乙惠酻。　　　　何二类(《合集》27358)

此版卜辞字体刻划粗而不平匀,笔势首尾尖而中部粗,属典型的何组二类字体风格。关于此类字体的风格黄天树先生曾有归纳。[1]此版卜辞对我们探讨"毓"的上限问题至关重要,而恰恰又是此前对"毓"的研究中所没有注意到的。关于何组二类卜辞的时代,黄天树、李学勤、彭裕商等诸位先生均已指出,其上限当是在廪辛时代,[2]这是可信的。在廪辛、康丁时代,离其最近的日名为乙的商王是小乙,因此《合集》27358中的"毓祖乙"只能是指商王小乙。对于廪辛、康丁来说,小乙当其时正是他们的曾祖辈亲属,世系传承为"小乙——武丁——祖庚、祖甲——廪辛、康

---

[1] 黄天树:《殷墟王卜辞的分类与断代》,科学出版社,2007年,第239—241页。

[2] 黄天树先生分何组卜辞为以下三类:何组事何类、何一类、何二类。李学勤、彭裕商先生亦分何组卜辞为三大类,即何一类、何二类、何三类(其中,又把何三类分成A、B两小类),其所划三大类分别等同与黄天树先生所分出的何组事何类、何一类与何二类。其中,黄先生的何一类卜辞还包括李、彭两位先生的何三A类卜辞,因此黄先生所划的何组二类实际上大体相当李、彭两位先生所划出的何组三B类。分别见:黄天树:《殷墟王卜辞的分类与断代》,科学出版社,2007年,第218—241页;李学勤、彭裕商:《殷墟甲骨分期研究》,上海古籍出版社,1996年,第139—169页。

丁"。如是可知，"毓"的上限完全可以延及曾祖。需要指出的是，何组二类卜辞的时代下限可延及武乙，那么《合集》27358会不会是武乙时代的卜辞呢？笔者以为《合集》27358当不会是武乙时期的卜辞。倘若《合集》27358属武乙卜辞，那么商王小乙就是武乙的曾祖之父。早在武丁时代，商王祖乙已经属于"高"的范围，[1]当其时商王祖乙正是武丁的曾祖之父。可见，"高"的下限至少要到曾祖之父。因此，在武乙时代，商王小乙已经属于"高"的范围，即假设《合集》27358属武乙卜辞，则其当称商王小乙为"高"，而不是"毓"了。综上所考可知，曾祖必然包括在"毓"的亲属范围内，由此亦可知卜辞中"高祖"的下限当是在曾祖之父。如是，裘先生对"高"之下限，"毓"之上限的推测亦可得而证实。

四 结语

综上所述，笔者以为，商代亲称前的数字是有规

---

[1] 裘锡圭:《论殷墟卜辞"多毓"之"毓"》《中国商文化国际学术讨论会论文集》，中国大百科全书出版社，1998年。

律可循的，大致可归纳为四项原则：

1. 殷墟卜辞中亲称之前的数字可分两种形式，一种表基数，一种表序数。判断其为基数或序数的关键在于日名。

2. 如果数字后跟有日名，即呈现"数字＋亲称＋日名"的格式时，则亲称之前的数字当为序数词，作为序数词的数字主要是修饰日名；如果数字亲称后无日名，即呈现"数字＋亲称"的格式时，则亲称之前的数字当为基数词，作为基数词的数字主要是修饰亲称。

3. 在商人亲属称谓中，当使用数字表序数词时，其用法受辈分的限制，即只见用于尊二辈及其以上的同日名亲属。这可能只是当时的一种习惯性用法。商人一般用大、中、小等其他区别字来表示同辈各个亲属之间的长幼关系。

4. 在商人亲属称谓中，当数字表基数词时，其用法不受辈分的限制，既可用于表示同一辈分中同性亲属的集合，也可用于表示不同辈分同性亲属的集合。

笔者尝试着把这些原则贯穿到实际的历史研究中，通过近出安阳刘家庄墨书石璋与商代亲称中的数字原则之间的互动研究，不仅揭示了新出土材料内涵，同时也验证了商代亲称中数字原则的合理性。商人亲称中的数字问题当与其日名文化之间存在密切联系，它是基于其日名文化影响下而形成的独特的历史景观。

对商人亲称前数字问题的探讨离不开对大、中、小区别字的考察。笔者以为商代亲称区别字的使用是较为复杂的，存在多种可能。然而可以肯定的是，商人一般用大、中、小等区别字来表示同辈同性亲属之间的长幼关系，但也不能排除它们有用于区分相同日名的同性亲属的可能。这两者的性质是不同的：前者是用于区别同辈亲属排行，是由生前带入的；后者则是用于区别同日名的亲属，是死后才加以创制的。卜辞中常见的"大示"应是指上甲、大乙、大丁、大甲、大戊、大庚和中丁等七位神主，是以区别字为"大"的神主为主体的集合庙主。

此外，笔者还考察了高祖一词在商周社会中的历史流变。笔者以为"高祖"称谓的变化大致可归纳为两条线：一条线是"高祖"之"高"在后世保留了"高远"之义。这种情况又分两种：一是延续了商代以曾祖之父为"高祖"称谓的下限；是在周代社会中，"高祖"称谓所指先祖的下限已经发生了变化，可以延及曾祖。另一条线则是"高祖"之"高"应人们对近亲尊崇等实际需要而发展出了"尊崇"之义。与"高"相对的"毓"，其上限可及曾祖。